Luisa Herford

Wer du wirklich bist:
Finde dein wahres Selbst!

ÜBER DIE AUTORIN

Ich bin 41 Jahre alt, im Taunus aufgewachsen und beruflich im Kundenservice tätig. Obwohl ich katholisch getauft wurde, spielte Religion lange Zeit keine zentrale Rolle in meinem Leben.

Das änderte sich vor etwa anderthalb Jahren, als ich begann, mit Meditationen und binauraler Musik zu experimentieren. Eine dieser Erfahrungen veränderte mich nachhaltig: In einem tiefen meditativen Zustand erlebte ich ein überwältigendes Gefühl von *Verbundenheit, Liebe* – als wäre ich einer göttlichen Präsenz begegnet.

Dieses Erlebnis stellte mein Weltbild auf den Kopf und öffnete den Raum für grundlegende Fragen: *Wer bin ich wirklich? Woher komme ich? Was ist Gott?*

Seitdem widme ich mich intensiv der Erforschung spiritueller und existenzieller Themen – von verschiedenen Religionen und mystischen Traditionen über Nahtoderfahrungen und alte Schriften bis hin zu Mystik, Psychologie und Bewusstseinsforschung.

Ich schreibe, um meine Erkenntnisse, Erfahrungen und Fragen mit anderen zu teilen – und vielleicht auch, um gemeinsam ein Stück näher an das große Ganze heranzukommen.

Wer du wirklich bist:

Finde dein wahres Selbst!

Luisa Herford

Impressum

Bibliografische Information der Deutschen Nationalbibliothek: Die Deutsche Nationalbibliothek verzeichnet diese Publikation in der Deutschen Nationalbibliografie; detaillierte bibliografische Daten sind im Internet über http://dnb.dnb.de abrufbar.

Verlag: BoD · Books on Demand GmbH, Überseering 33, 22297 Hamburg, bod@bod.de

Druck: Libri Plureos GmbH, Friedensallee 273, 22763 Hamburg
ISBN: 978-3-8192-8001-6

MIX
Papier aus verantwortungsvollen Quellen
Paper from responsible sources
FSC® C105338
FSC
www.fsc.org

INHALTSVERZEICHNIS

EINLEITUNG

Dieses Buch ist eine Sammlung von Gedanken, Zweifeln, Erkenntnissen und Denkanstößen, die mir geholfen haben, ein Stück mehr zu verstehen, worum es im Leben wirklich geht. Mein Wissen, meine Erfahrungen, meine Reise möchte ich mit dir teilen – in der Hoffnung, dass du auch für dich selbst ein Stück mehr Frieden, Klarheit und Licht findest.

In diesem Buch geht es um das *wahre Selbst* – das zu finden, was tief in uns verborgen liegt. Es geht darum, das Licht in dir wieder zu entdecken, das oft von äußeren Schichten überdeckt wird. Diese äußeren Schichten sind Überzeugungen, Ängste, Rollen und Prägungen, die du im Laufe deines Lebens übernommen hast und die wie Schleier zwischen dir und deinem wahren Selbst liegen.

Ich möchte dir zeigen, wie du *die Liebe in dir findest* – eine Liebe, die nicht von äußeren Umständen abhängt, sondern aus deinem Inneren kommt und wie du das Göttliche in dir erkennst, das schon immer da war und darauf wartet, sich zu entfalten.

ERWACHEN

Das Leben ist manchmal wie der Film *The Truman Show* mit Jim Carrey. Wer ihn gesehen hat, erinnert sich vielleicht:

Truman Burbank lebt in einer scheinbar perfekten Realität – einer Realität, die ihm jedoch von außen auferlegt wurde. Alles, was er kennt, ist von einem Team von Produzenten inszeniert, und die Menschen um ihn herum spielen ihre Rollen, um ihm eine fiktive Welt vorzugaukeln. Truman ist der Hauptdarsteller in seinem eigenen Leben, ohne es zu wissen, und doch ist er von der Wahrheit ferngehalten. Er lebt in einer Illusion, glaubt, dass sein Leben real ist, obwohl alles um ihn herum ein Konstrukt ist. Die Welt, in der er lebt, ist für ihn die einzige Realität, bis er beginnt, kleine Risse in der Fassade zu bemerken.

Diese Illusion ist ein perfektes Beispiel dafür, wie viele von uns in unserem eigenen Leben gefangen sind. Wie Truman haben wir oft das Gefühl, dass die Welt um uns herum real ist, dass die Regeln des Spiels für uns festgelegt wurden und dass wir diese einfach akzeptieren müssen. Wir befolgen die Erwartungen und Normen der Gesellschaft, passen uns an, ohne jemals die Frage zu stellen: „Ist das wirklich meine Welt? Bin ich wirklich der Spieler oder nur eine Marionette, die von unsichtbaren Fäden geführt wird?"

Die Truman-Illusion erinnert uns daran, dass vieles von dem, was wir als Realität wahrnehmen, nicht unbedingt die ganze Wahrheit ist. Unsere Perspektive ist oft begrenzt durch die Grenzen, die uns auferlegt wurden, sei es durch gesellschaftliche Normen, familiäre Erwartungen oder persönliche Ängste.

Wenn wir die Welt um uns herum hinterfragen und erkennen, dass vieles davon nur eine Inszenierung ist, können wir beginnen, unser Leben bewusst zu gestalten. Truman zeigte uns, dass es möglich ist, aus der Illusion auszubrechen, die uns als Realität verkauft wird, und dass wir in der Lage sind, unser eigenes Spiel zu spielen, statt nur die Rolle zu übernehmen, die uns vorgegeben wurde. Aber dazu müssen wir uns trauen, die vermeintlich „sichere" Welt zu verlassen und uns der Wahrheit zu stellen – eine Wahrheit, die oft beängstigend, aber auch befreiend ist.

Am Ende des Films entscheidet sich Truman, seine vertraute Scheinwelt zu verlassen. Er öffnet die Tür aus dem Studio – hinaus ins Unbekannte, in die echte Welt, in die Freiheit.

Wenn man das *wahre Selbst entdeckt* – jenen inneren, bewussten Kern jenseits von Gedanken, Emotionen, Rollen oder Biografien – dann fühlt es sich manchmal ähnlich an. Als würde man durch eine unsichtbare Wand treten. Nicht unbedingt äußerlich, aber innerlich.

Plötzlich merkt man: All das, womit man sich identifiziert hat – Namen, Titel, Meinungen, sogar Ängste – war nicht wirklich „man selbst". Es war wie eine Bühne. Ein Spiel.

Dieses Erwachen ist kein Knall. Oft ist es leise. Man spürt: Ich bin nicht das, was ich dachte. Ich bin nicht meine Geschichte. Ich bin *der göttliche Funke* der diese Geschichte erlebt. Und dann beginnt eine *neue Reise*. Nicht mehr innerhalb der alten Bühne, sondern jenseits davon. Nicht mehr als Rolle, sondern als *bewusstes Sein.*

WER BIST DU?

„Wer bist du?" ist eine der ältesten und tiefgründigsten Fragen der Menschheit, die bis zum Kern unseres Verständnisses von Existenz und Identität dringt. In der Philosophie, Spiritualität und Psychologie haben sich verschiedene Ansätze entwickelt, um diese Frage zu beantworten. Manche definieren den Menschen als Bewusstsein, Seele oder Geist, die in einem physischen Körper wirken. Doch all diese Begriffe, so wichtig sie auch sind, erfassen nur einen Teil des Mysteriums, das uns ausmacht.

Du bist mehr, als du denkst. Mehr als dein Name, deine Geschichte, deine Erfahrungen. Tief in dir leuchtet etwas, das immer da war und immer sein wird – dein *wahres Selbst*. Es ist das *Licht in dir*, unverändert, unberührt von den Rollen, die du im Leben spielst.

Dein Körper ist wie ein Fahrzeug, das dich auf dieser Reise durch das Leben transportiert. Der Körper ist wichtig, aber er ist nicht das, was du wirklich bist. So wie ein Auto dich von einem Ort zum anderen bringt, führt dich dein Körper durch deine Erfahrungen im Leben. Doch der wahre Fahrer, der dich steuert, ist dein *wahres Selbst*, das tief in dir wohnt.

Dieses *Licht in dir* ist deine Essenz, dein innerster Kern. Es ist *reines Sein*. Doch oft wird es von den Schichten der Welt überdeckt, die nicht wirklich zu dir gehören.

Manche nennen dieses Licht auch den *Funken Gottes.* Aber Gott ist nicht nur etwas, das außerhalb von dir existiert; er ist auch *in dir* –

du bist ein Teil von ihm. Das bedeutet, dass die Liebe, Weisheit und das Licht Gottes ebenfalls in dir wohnen.

Gott ist in DIR!

Wir sind eins:

Wir sind alle *eins* – und doch als Mensch so *unterschiedlich.* Das liegt daran, dass jeder von uns auf seiner ganz *persönlichen Reise* unterwegs ist. Jeder Mensch wird mit verschiedenen Talenten, Vorlieben, Eigenschaften und Herausforderungen geboren, die ihn zu dem machen, was er ist. Und wir zusammen ergeben *das Große und Ganze.*

Wir sind eins – Wie kann man sich das besser vorstellen?

Stell dir vor, du bist *ein Tropfen* in einem großen Ozean. *Der Ozean ist Gott*, die unendliche Quelle von allem, was ist. Du, der Tropfen, bist ein Funke des Göttlichen, dein *wahres Selbst.* In diesem Ozean findest du deine Existenz, dein Sein. Der Tropfen mag klein und individuell erscheinen, aber er ist untrennbar mit dem großen, unendlichen Meer verbunden.

Wenn der Tropfen das Meer verlässt, kann er eine Zeit lang glauben, dass er nun unabhängig und eigenständig ist. Doch dieser Zustand ist *eine Illusion*, weil der Tropfen immer noch die Essenz des Meeres in sich trägt.

Der Tropfen wird irgendwann erkennen, dass er immer ein Teil des Meeres war, auch wenn er sich zeitweise getrennt fühlte.

Manche Tropfen beginnen sich schon während ihrer Reise an diese Wahrheit zu erinnern, andere erst nach ihrer Rückkehr.

Diese Illusion kann das menschliche Leben widerspiegeln, bei dem sich viele Menschen getrennt von der universellen Quelle erleben. Aber in Wahrheit fließt das göttliche Bewusstsein durch uns. Wir müssen uns nur wieder mit unserem **wahren Selbst** verbinden, denn Gott ist in dir.

Du bist der Tropfen.
Und du bist das Meer.
Beides. Gleichzeitig.
Und genau darin liegt deine Schönheit.

*

Das wahre Selbst entdecken:

Die Entdeckung des **eigenen Selbst** ist ein Prozess, der oft mit dem Schälvorgang einer Zwiebelschicht verglichen wird. Es ist ein langsames, aber tiefgehendes Entfalten, bei dem du immer tiefer in dein Innerstes vordringst und dabei nach und nach all das ablegst, was **nicht** dein **wahres Selbst** ist. Jede Schicht, die du entfernst, offenbart mehr von der wahren Essenz dessen, was du bist, und lässt dich näher an das heran, was jenseits der äußeren Erscheinungen liegt.

Zu Beginn des Prozesses der Selbstentdeckung wirst du feststellen, dass viele deiner „Schichten" durch gesellschaftliche Erwartungen, familiäre Prägungen und die Meinungen anderer gebildet wurden. Du hast dich in bestimmte Rollen eingefügt: als Kind, als Partner, als Arbeitnehmer, als Freund oder als Bürger einer Gesellschaft. Diese Rollen haben dir im Laufe der Zeit geholfen, dich anzupassen und in der Welt zu funktionieren, doch sie lassen nur einen begrenzten Zugang zu deinem *wahren Selbst* zu.

Das Abstreifen dieser äußeren Schichten bedeutet, dass du beginnst, dich von den Meinungen und Erwartungen anderer zu befreien und zu hinterfragen, welche Teile von dir wirklich authentisch sind und welche lediglich als Reaktion auf die Welt um dich herum entstanden sind. Vielleicht entdeckst du, dass du bestimmte Überzeugungen übernommen hast, die gar nicht deine eigenen sind, dass du Ängste kultiviert hast, die dir nicht zutiefst entsprechen, oder dass du dich in einer Rolle gefangen fühlst, die du nie wirklich gewählt hast.

Wenn du tiefer in den Entdeckungsprozess eindringst, beginnst du, Schichten von Gedanken und Emotionen zu erkennen, die dich oft von deinem *wahren Selbst* abhalten. Deine Gedanken neigen dazu, sich ständig zu wiederholen, Ängste und Sorgen zu nähren und eine Vorstellung von dir zu schaffen, die immer in Bewegung und Veränderung ist. Diese Gedanken sind oft mit dem Ego verbunden, jenem Teil deines Selbst, der sich von der Welt abhebt und sich als getrennt von anderen wahrnimmt. Das Ego kreiert eine Identität, die auf Leistung, Erfolg, Besitz oder Bestätigung von außen beruht.

Irgendwann gelangst du zum tiefsten Kern deines Wesens – deinem *wahren Selbst*. Dieser Kern ist das Bewusstsein, das *unendliche Licht*, das immer da ist, unabhängig von den Gedanken, Gefühlen oder äußeren Umständen. Es ist das Herz deiner Existenz, das von Natur aus mit allem Leben verbunden ist. In diesem Zustand wirst du feststellen, dass du jenseits aller Kategorien wie „Ich" und „Du", „Richtig" und „Falsch" existierst. Du bist einfach das *reine Sein*, das in seiner Essenz ungeteilt und unvergänglich ist.

Das Herz deines wahren Selbst ist von einer reinen Liebe und einem tiefen Frieden durchzogen, der mit der Welt in Einklang steht. Hier findest du die Freiheit, authentisch zu leben, ohne dich von der äußeren Welt oder den inneren Illusionen des Egos beeinflussen zu lassen. Du bist einfach der stille Beobachter, der alles sieht und erlebt, aber sich nicht in den Erfahrungen verliert. In diesem Zustand kannst du die wahre Verbindung zu dir selbst und zu allem, was ist, erfahren.

*

Der Schleier des Vergessens:

Der Schleier des Vergessens ermöglicht es uns, eine Erfahrung zu machen, die im Zustand der Einheit – dem, was manche als Himmel bezeichnen – nicht möglich ist: das Leben *als getrenntes Individuum.* Der Schleier ist es, der uns das Erinnern nimmt, damit wir die Gegensätze von Gut und Böse, von Licht und Dunkelheit, überhaupt erleben können. Erst durch diesen Kontrast lernen wir, den Wert von Mitgefühl, Liebe und Verständnis wirklich zu schätzen – weil wir Schmerz, Verlust und Leid am eigenen Körper erfahren haben.

Durch schwierige Zeiten wachsen wir. Wir entwickeln mehr Empathie, mehr Mitgefühl, mehr Vergebung – nicht trotz, sondern gerade wegen der Herausforderungen. In diesem Sinne ist der Schleier *kein* Fehler, sondern *ein Teil der Erfahrung*. Er ist notwendig, damit wir uns weiterentwickeln, lernen, reifen.

*

Manchmal frage ich mich:
Wenn meine Oma jetzt im Himmel ist – in einer Dimension der Liebe, der vollkommenen Einheit, in der es keine Trennung, keinen Schmerz und kein Leid gibt – kann sie dann überhaupt noch nach-

vollziehen, wie es sich für ihre Liebsten auf der Erde anfühlt, zu leiden oder Schweres zu erleben?

Die Antwort ist:
Natürlich weiß sie es noch! Denn genau darum war sie hier. Wie wir alle hat auch sie die Entscheidung getroffen, auf die Erde zu kommen – um das Getrenntsein zu erfahren, um sich selbst in der Begrenzung und im Vergessen wiederzufinden. Um zu lieben. Und um zu leiden. Denn aus Leid entsteht Tiefe. Aus Trennung wächst der Wunsch nach Verbindung. Und durch die Erfahrung der Dunkelheit entsteht das Bewusstsein für das Licht.

Sie hat das Leben mit all seinen Prüfungen und Herausforderungen gelebt. Sie kennt die Dualität – die Polarität zwischen Freude und Schmerz, Nähe und Verlust. Diese Erfahrungen sind ein Teil von ihr geworden. Und auch wenn sie sich nun in einem Raum jenseits dieser Gegensätze befindet, bleibt dieses Wissen in ihr lebendig.

Wenn sie heute auf ihre Liebsten herabschaut – und vielleicht tut sie das öfter, als wir glauben – dann weiß sie genau, wie es sich anfühlt, Mensch zu sein. Sie erinnert sich – nicht mit dem Verstand, sondern mit dem Herzen. Und aus dieser Erinnerung heraus versteht sie, wie es uns geht.

Und genau deshalb war sie hier.
Deshalb sind wir hier.
Um genau das zu erfahren.

Denn an einem Ort wie im Himmel, an dem es nur Liebe gibt, können wir höchstens erahnen, was Schmerz für einen Menschen bedeutet. Es ist wie mit dem Liebeskummer: Schon als Teenager ist uns bewusst, dass Liebeskummer weh tut. Aber erst, wenn wir ihn am eigenen Leib erfahren, wissen wir, dass er sich zehnmal schlimmer anfühlen kann, als wir es uns je vorgestellt hätten. Erst dann bekommt dieses Wort eine ganz *neue* Bedeutung.

DER MENSCH IST DURCHSCHAUBAR

Der Mensch ist ein komplexes Wesen, doch hinter all den scheinbar chaotischen oder widersprüchlichen Handlungen, Gedanken und Gefühlen stecken oft grundlegende Bedürfnisse und Ängste. Der Drang nach Anerkennung, das Streben nach Sicherheit und Liebe sowie die Angst vor Verlust und Kontrollverlust sind universelle menschliche Erfahrungen, die viele von uns unbewusst beeinflussen. *Wenn wir uns dieser Muster bewusst werden, können wir beginnen, das Verhalten – sowohl unser eigenes als auch das der anderen – in einem neuen Licht zu sehen.* Es hilft uns, die wahren Motivationen hinter einem bestimmten Verhalten zu erkennen, was uns in die Lage versetzt, mit mehr Mitgefühl und weniger Urteil zu reagieren. Anbei ein paar dieser Muster:

Mangelbewusstsein:

Mangelbewusstsein ist kein neues Phänomen. Doch es zeigt sich im Laufe der Generationen in immer neuen Formen – angepasst an Zeitgeist, Gesellschaft und kollektives Bewusstsein. Was früher ein Mangel an Besitz, Sicherheit oder Anerkennung war, hat sich in der heutigen Zeit in eine subtilere, aber nicht weniger wirkungsvolle Dimension verschoben: den emotionalen Mangel, die Unsicherheit im Selbstwert.

In den Jahrzehnten nach dem Zweiten Weltkrieg war der Mangel deutlich sichtbar und spürbar. Es fehlte an Wohnraum, Nahrung, Sicherheit. In dieser Zeit entwickelte sich eine Vorstellung vom „guten Leben", die stark auf *äußere Stabilität* und *sozialen Aufstieg* ausgerichtet war. Ein Reihenhaus mit Garten, ein eigenes Auto, ein sicherer Arbeitsplatz, eine Familie und regelmäßiger Urlaub galten als Maßstab für ein erfülltes Leben – als Beweis, „es geschafft" zu haben.

Wer diese Ideale nicht erreichte, galt schnell als gescheitert oder wurde mit einem Gefühl der Unzulänglichkeit konfrontiert. Mangelbewusstsein zeigte sich in der Sorge, nicht genug zu leisten, nicht genug zu verdienen, nicht genügend Statussymbole vorweisen zu können. Der äußere Erfolg wurde zur Messlatte des inneren Wertes.

Heute leben wir in einer Gesellschaft, die in weiten Teilen materiell abgesichert ist. Viele frühere Bedürfnisse – ein Dach über dem Kopf, ausreichend Nahrung, Zugang zu Bildung – sind erfüllt. Doch das Gefühl von innerer Erfüllung hat sich nicht in gleichem Maße mitentwickelt. Stattdessen breitet sich ein neues Mangelbewusstsein aus: ein leiser, aber beharrlicher *Zweifel am eigenen Sein*.

Der Hunger nach mehr:

Das Mangelbewusstsein beschreibt das innere Gefühl, dass etwas fehlt – sei es Liebe, Sicherheit, Reichtum, Anerkennung oder innerer Frieden. Dieses Gefühl entsteht nicht selten früh im Leben und begleitet viele Menschen unbemerkt durch ihren Alltag.

Einige streben nach *materiellem Besitz*, andere nach *beruflichem Erfolg*, nach *Aufmerksamkeit* oder nach *Perfektion*. Immer jedoch liegt die Hoffnung zugrunde, dass das Erreichen eines *äußeren Ziels* die innere Leere füllen könne. Doch das Mangelbewusstsein ist ein trickreicher Begleiter – es verlagert seine Gestalt, sobald man glaubt, es überwunden zu haben. Kaum ist ein Ziel erreicht, taucht das nächste Bedürfnis auf, und der Kreislauf beginnt von vorn.

Viele glauben, ihr Selbstwert sei an äußere Bestätigung geknüpft: an Applaus, an Statussymbole, an die Anerkennung für Leistungen oder Eigenschaften. Doch dieser Glaube ist trügerisch. Denn solange der Mensch seine Würde *im Außen* sucht, bleibt er innerlich abhängig und verletzlich. Der ständige Versuch, das innere Defizit durch äußere Erfolge zu kompensieren, führt letztlich zu einem Zustand chronischer Unzufriedenheit.

Selbst wenn ein Mensch scheinbar alles erreicht hat, was er sich vorgenommen hat, bleibt oft ein nagendes Gefühl der Unvollständigkeit. Diese *innere Leere* ist das Echo des Mangels – ein Echo, das durch äußere Erfüllung allein nicht verstummen kann. Das Mangelbewusstsein verhindert, dass der Mensch wirklich im gegenwärtigen Moment ankommt. Stattdessen lebt er in einer dauerhaften Erwartungshaltung, immer ausgerichtet auf *ein zukünftiges Ziel,* das vermeintlich das ersehnte Gefühl von Ganzheit bringen soll.

Wahre Erfüllung beginnt erst dort, wo das Mangelbewusstsein erkannt, hinterfragt und transformiert wird – durch Achtsamkeit, Selbstannahme und die Rückkehr zur inneren Fülle, die unabhängig von äußeren Umständen existiert.

Minimalismus: Der bewusste Schritt ins Weniger

Inmitten dieses Überflusses entsteht gerade eine neue Bewegung: Minimalismus. Was oberflächlich als Reduktion auf das Wesentliche erscheint – weniger Besitz, weniger Konsum, weniger Ablenkung – ist in Wahrheit oft Ausdruck eines tieferen Wandels. Menschen beginnen, sich zu fragen, was sie wirklich brauchen. Sie spüren intuitiv, dass „mehr" *nicht* automatisch „besser" bedeutet. Dass äußere Fülle nicht zwangsläufig mit innerer Erfüllung einhergeht.

Minimalismus ist dabei kein Verzicht, sondern eine Rückbesinnung. Es ist der Versuch, aus dem Hamsterrad des ständigen Haben-Wollens auszusteigen und Platz zu schaffen – für das, was im Inneren gehört werden will. Es ist eine Form von Selbstfürsorge und Bewusstsein: Je weniger man im Außen braucht, desto mehr Raum bleibt, das *eigene Wesen zu spüren*. Und ich meine damit sind wir auf dem richtigen Weg.

*

Macht und Kontrolle – Der Drang nach Überlegenheit:

Der **Drang nach Macht** ist eine der tiefsten und universellsten Motivationen im menschlichen Verhalten. Dieser Drang kann sich auf verschiedene Weise manifestieren: in Karriereambitionen, im Streben nach sozialer Anerkennung oder auch in der Kontrolle über andere Menschen. Das Streben *nach Macht* ist in der Regel ein Versuch, sich von der Angst und der Unsicherheit des Lebens zu befreien. Indem Menschen Macht oder Kontrolle über ihre Umwelt oder andere ausüben, versuchen sie, ihre eigene Sicherheit und Identität zu wahren.

Macht kann sowohl in physischer als auch in psychischer Form auftreten. Auf der physischen Ebene zeigt sich Macht oft als wirtschaftliche Kontrolle, politische Macht oder militärische Stärke. Auf der psychischen Ebene kann Macht in emotionaler Manipulation oder sozialer Überlegenheit bestehen. Der Drang nach Macht wird häufig durch *das Ego gespeist*, das ständig nach Bestätigung sucht und sich über andere stellen will, um sich als *überlegen zu fühlen.* Doch auch die Suche nach Macht führt letztlich zu Unzufriedenheit und Leere, weil sie *nicht* auf *innerem Frieden* basiert. Ein solcher Mensch lebt ständig in einem Zustand der Unsicherheit und des Verlusts, weil er *nie genug* Macht oder Kontrolle erlangen kann, um sich dauerhaft sicher zu fühlen. Macht ist oft eine *Flucht vor*

dem Selbst, da der Mensch versucht, durch äußere Kontrolle das zu ersetzen, was er innerlich nicht in sich findet: Selbstliebe und Selbstsicherheit.

*

Ruhm – Der Wunsch nach Anerkennung und Bestätigung:

Ruhm ist der Drang, von anderen gesehen, bewundert und anerkannt zu werden. Es ist der Versuch, die eigene Existenz und Bedeutung durch das Urteil und die Zuwendung anderer zu bestätigen. Ruhm wird oft als *Erfüllung des Egos* betrachtet, als eine Art öffentlicher Bestätigung der eigenen Fähigkeiten und Talente. Doch auch Ruhm kann zu einer *leeren Jagd* werden, bei der der Mensch niemals die wahre Bestätigung findet, die er sucht.

Beispiel: Ein berühmter Schauspieler hat alles erreicht: Er hat eine glänzende Karriere, Millionen von Fans und eine Fülle von Auszeichnungen. Doch trotz des Ruhms fühlt er sich innerlich leer und gestresst. Er lebt in ständiger Angst, dass die Öffentlichkeit ihn vergessen könnte oder dass er in der Wahrnehmung seiner Fans nicht mehr „genug" ist. Ruhm bietet ihm keine dauerhafte Erfüllung, sondern nur ein temporäres Gefühl der Anerkennung. Der Schauspieler wird süchtig nach diesem Lob und lebt in der ständigen Angst, nicht mehr „genug" zu leisten oder seinen Status zu verlieren. In diesem Fall wird Ruhm zu einer Illusion, die das Ego nährt, aber *niemals wahres Glück bringt*. Der Drang, noch *mehr Anerkennung* zu bekommen, führt zu einem endlosen Kreislauf der Unzufriedenheit.

Achtung! Egofalle:

Die Egofalle ist eine Falle, in die wir geraten, wenn wir unseren *Selbstwert* und unsere *Identität* zu stark mit *äußerem Erfolg* und dem, was wir tun, verbinden. Wir glauben, dass wir nur dann wertvoll oder „gut genug" sind, wenn wir bestimmte Dinge erreicht haben oder eine bestimmte Rolle spielen.

Egofalle – Beruf:

Stellen wir uns vor, jemand ist Pilot. Ein Pilot hat in unserer Gesellschaft oft ein hohes Ansehen. Der Beruf ist prestigeträchtig, gut bezahlt, und viele Menschen sehen einen Piloten als erfolgreich an. Wenn der Pilot jedoch zu sehr mit diesem Beruf identifiziert ist, denkt er vielleicht: *„Ich bin ein Pilot, das ist, wer ich bin."* Der Job wird zu einem *Teil seiner Identität.*

Wenn der Pilot nur aufgrund seines Berufes Erfolg und Anerkennung erhält, fühlt er sich vielleicht nur dann wertvoll, wenn er *diesen Job* behält. Sollte er den Job verlieren, könnte er das Gefühl haben, „nichts mehr zu sein" oder „versagt zu haben", weil sein Ego so stark an dieser Identifikation hängt. Doch der Erfolg im Beruf ist vergänglich. Zum Beispiel während der Corona-Krise verloren viele Piloten ihren Job. Das zeigt, dass Jobs sich ändern können und niemand garantieren kann, dass er immer in der gleichen Position bleibt. Wenn wir unseren Selbstwert jedoch ausschließlich von einem Job abhängig machen, sind wir verletzlich, wenn sich unser Status oder unsere Lebenssituation verändert.

Es ist wichtig zu verstehen, dass unser Wert *nicht* von dem abhängt, *was wir tun*, sondern *wer wir sind.* Der Pilot sollte sich nicht nur als „Pilot" definieren, sondern als ganzes, wertvolles Wesen. Ein Job kann wichtig sein, aber er macht uns nicht zu dem, was wir sind.

Unser *wahres Selbst* ist unabhängig von äußeren Rollen und Erfolgen. Außerdem müssen wir lernen, dass Erfolg und Misserfolg Teil des Lebens sind.

Egofalle – Schönheit:

Schönheit wird oft als der Inbegriff von Ästhetik, Zuneigung und Selbstwert angesehen. In einer Gesellschaft, die äußere Erscheinung und jugendliche Schönheit glorifiziert, kann die Fixierung auf das eigene Aussehen zu einem potenziell toxischen Drang nach *Bestätigung* und *Vervollkommnung* führen. Die Vorstellung, dass wahre Schönheit nur von außen zu kommen scheint, ist ein weiteres Produkt des *Ego-Mindsets*, das immer an oberflächliche Werte gebunden ist.

Wenn jemand seinen Wert ausschließlich oder primär auf der Schönheit seines Körpers basiert, identifiziert sich diese Person stark mit einer äußeren, vergänglichen Erscheinung. Das kann zu psychischen und emotionalen Problemen führen, weil die äußere Erscheinung ständigen Veränderungen unterworfen ist, die außerhalb unserer Kontrolle liegen. Besonders in jungen Jahren kann das Selbstwertgefühl sehr stark mit dem Aussehen verknüpft sein. Jemand könnte sagen: „Ich bin schön, also bin ich wertvoll." Dieser Gedanke führt dazu, dass die Person glaubt, ihr Wert hinge vom Aussehen ab.

Die heutigen Medien und sozialen Netzwerke verstärken oft das Bild, dass Schönheit – in Form von jugendlichem Aussehen, schlanker Körper oder makelloser Haut – das wichtigste Kriterium für den *Wert* eines Menschen ist. Die ständige Präsenz von „perfekten" Bildern in sozialen Medien kann zu einem *Gefühl des Mangels* führen.

25

Beispiel: Lisa ist eine junge Frau, die in der Modebranche arbeitet. Sie hat immer das Gefühl, dass ihr Aussehen und ihre Körperform die wichtigsten Aspekte ihrer Identität sind. Ihr äußeres Erscheinungsbild wird von ihr selbst und auch von anderen ständig bewertet – sei es durch die Gesellschaft, die Medien oder ihre Kollegen. In ihrem Job ist es wichtig, „perfekt" auszusehen, um Anerkennung zu erhalten und beruflich erfolgreich zu sein. Lisa glaubt, dass ihr Wert und ihre Bedeutung in der Welt direkt mit ihrem Aussehen verbunden sind. Sie fängt an, sich ständig mit anderen zu vergleichen und sich immer mehr zu bemühen, dem Schönheitsideal zu entsprechen, das sie in den Medien sieht.

Mit der Zeit merkt sie, dass sie sich immer unsicherer fühlt. Sie ist ständig mit Diäten und Fitnessroutinen beschäftigt, um ihren Körper zu verändern und diesen scheinbar „perfekten" Standard zu erreichen. Ihr Selbstwert hängt immer mehr von der Bestätigung durch andere ab. Wenn sie Lob für ihr Aussehen bekommt, fühlt sie sich gut, aber sobald sie sich von anderen abgelehnt oder unwohl fühlt, stürzt ihr Selbstwertgefühl. Sie beginnt, sich selbst über ***ihr Äußeres zu definieren*** und hat das Gefühl, dass sie *ohne* diese äußere Bestätigung nichts wert ist.

Eines Tages, nach einer langen Phase intensiven Trainings und strenger Diäten, steht sie vor dem Spiegel. Sie sieht sich selbst und fühlt sich leer. Sie hat das Gefühl, dass sie zwar äußerlich „perfekt" aussieht, aber innerlich völlig ausgelaugt ist. Sie hat ihren Körper als *ein Werkzeug* für Bestätigung und Anerkennung missbraucht, ohne wirklich auf ihre eigenen Bedürfnisse und Gefühle zu achten. Ihr Körper ist erschöpft, aber sie kämpft weiter, weil sie glaubt, dass nur das äußere Bild zählt. In diesem Moment wird ihr klar, dass sie in eine Falle geraten ist – die „Körper-Selbst-Ego-Falle", bei der sie sich selbst und ihren Wert nur nach *äußeren Kriterien* bemisst.

Dieser Moment der Erkenntnis wird zu einem Wendepunkt für Lisa. Sie beginnt, sich bewusst mit ihrem Körper und ihrem Selbstwert auseinanderzusetzen. Sie realisiert, dass sie nicht nur durch ihr Aussehen definiert wird. Sie fängt an, sich selbst liebevoller zu betrachten und ihren Körper als ein *Werkzeug* für Wohlbefinden und Gesundheit statt als eine Quelle der äußeren Bestätigung zu sehen. Sie lernt, sich selbst zu schätzen – nicht für die Bestätigung von außen, sondern für das, was sie wirklich ist: ein Mensch mit Gefühlen, Stärken, Schwächen und einer einzigartigen Persönlichkeit.

Lisa beginnt, sich von der „Körper-Selbst-Ego-Falle" zu befreien und erkennt, dass wahre Schönheit von innen kommt – dass wahre Stärke nicht im äußeren Erscheinungsbild, sondern in der Fähigkeit liegt, sich *selbst zu lieben* und *anzunehmen,* unabhängig von der Meinung anderer. Sie versteht, dass ihr Wert *nicht* von ihrem Körper oder ihrem Aussehen abhängt, sondern von ihrem inneren Selbst und ihrer Fähigkeit, authentisch und wahrhaftig zu leben.

Die wahre Herausforderung der Egofalle:

Die wahre Herausforderung besteht darin, diese Egofalle zu erkennen und zu verstehen, dass **unser Wert nicht von der Bestätigung anderer abhängt.** Es geht darum, zu akzeptieren, dass wir genug sind, so wie wir sind, mit all unseren Fehlern und Unvollkommenheiten. Der Weg aus dieser Falle erfordert einen inneren Wandel, bei dem wir lernen, uns selbst zu schätzen und zu lieben – unabhängig von äußeren Leistungen oder Meinungen. Der Mensch, der sich von diesen äußeren Verlockungen löst und sein *wahres Selbst* erkennt, findet den inneren Frieden und die Freiheit, die er in der äußeren Welt niemals finden konnte.

*

Menschen und die Blauäugigkeit:

Ein Mensch, der blauäugig ist, verlässt sich oft auf das, was ihm von außen vorgegeben wird. Er nimmt Informationen *unkritisch* auf und vertraut darauf, dass die äußeren Quellen – seien es Medien, Autoritäten oder gesellschaftliche Normen – ihm die Wahrheit präsentieren. Diese Denkweise ist geprägt von einem Mangel an tiefer Reflexion und **einem Festhalten an der scheinbaren Sicherheit** der **gewohnten Informationen.**

Blauäugigkeit bedeutet nicht unbedingt Naivität, sondern vielmehr das Fehlen einer bewussten Auseinandersetzung mit den Quellen der Informationen. Solche Menschen hinterfragen nicht, warum bestimmte Informationen ihnen präsentiert werden oder welche Absichten hinter diesen Quellen stecken könnten. Sie nehmen die Dinge so, wie sie erscheinen – ohne den Blick hinter die Fassade zu wagen.

Leichtgläubigkeit geht oft Hand in Hand mit Blauäugigkeit. Ein leichtgläubiger Mensch hat *wenig Vertrauen* in seine *eigene Intuition* oder sein eigenes Urteilsvermögen und ist daher anfällig für Manipulationen und Falschinformationen. Er glaubt an alles, was ihm erzählt wird, besonders wenn es in ein Weltbild passt, das er bereits akzeptiert hat. Oft fehlt ihm die Fähigkeit, zwischen wahr und falsch zu unterscheiden, und er reagiert auf Informationen, ohne sie wirklich zu hinterfragen.

Das Fehlen von kritischem Denken bedeutet, dass ein solcher Mensch keine tiefere Auseinandersetzung mit den Dingen führt. Er analysiert nicht die Konsequenzen seiner Entscheidungen und fragt sich nicht, warum er etwas glaubt. Stattdessen lebt er in einem Zustand der Reaktivität, in dem er Dinge annimmt, ohne sie in einen größeren Kontext zu setzen.

Beispiel: Ein junger Mensch wächst in einer ***streng*** religiösen Gemeinschaft auf. Er wird gelehrt, dass die Führer der Gruppe unfehlbar sind und ihre Lehren ***nicht hinterfragt*** werden dürfen – auch wenn sie Regeln aufstellen, die moralisch fragwürdig oder sogar schädlich sind (z. B. Diskriminierung, Ausgrenzung Andersdenkender, Unterdrückung von Frauen, Ablehnung medizinischer Hilfe). Aus blauäugigem Vertrauen heraus glaubt er, dass alles, was diese Autoritäten sagen, „Gottes Wille" ist – und ***folgt ihnen blind***, ohne selbst zu reflektieren, nachzudenken oder zu hinterfragen.

*

Dazugehören:

Der Wunsch, sich anzupassen und in einer Gruppe ***akzeptiert zu werden***, ist ein fundamentaler Teil des menschlichen Wesens. Als soziale Wesen sind wir darauf angewiesen, von anderen anerkannt zu werden, um unser Wohlbefinden und unsere Identität zu bestätigen. Dies führt dazu, dass viele Menschen in ihrem Denken und Handeln konform gehen, anstatt ihren eigenen Weg zu finden.

Das Bedürfnis, Teil eines Rudels zu sein, treibt den Menschen oft dazu, die eigene Meinung und Identität aufzugeben, um sich in die bestehenden Strukturen und Normen einzufügen. Dieser Drang nach Zugehörigkeit kann dazu führen, dass Menschen ihre eigene Wahrheit nicht erkennen oder verdrängen. ***Sie folgen der Masse aus Angst***, aus der Reihe zu tanzen oder abgelehnt zu werden.

*

Andersartigkeit:

Ein weiterer Aspekt dieses Verhaltens ist, dass Menschen, die sich stark an gesellschaftlichen Normen orientieren, oft Schwierigkeiten haben, *Andersartigkeit zu akzeptieren.* Diese Neigung, Menschen aufgrund von Unterschieden wie Hautfarbe, Religion, Herkunft zu kategorisieren, ist tief in vielen sozialen Strukturen verankert. Die Gesellschaft neigt dazu, Vielfalt zu verurteilen oder zumindest nicht vollständig zu akzeptieren, was zu Diskriminierung, Vorurteilen und Ungerechtigkeiten führt.

Oft führen diese Einstellungen zu Konflikten und Missverständnissen, da Menschen in ihrer Unwissenheit und ihrem Bedürfnis nach Zugehörigkeit ihre eigenen Ängste und Unsicherheiten auf andere projizieren. Diese feindliche Haltung gegenüber dem „Anderen" zeigt sich nicht nur in individuellen Begegnungen, sondern auch in globalen Konflikten und Kriegen, die auf Unwissenheit und mangelnder Empathie beruhen.

Andersartigkeit und der Wert des Querdenkens:

Andersartigkeit irritiert. Wer nicht in bestehende Muster passt oder gewohnte Denkweisen hinterfragt, wird oft skeptisch beäugt oder sogar ausgeschlossen. Das betrifft nicht nur Außenseiter im klassischen Sinn, sondern auch Menschen, die den Mut haben, *gegen den Strom zu denken* – sogenannte Querdenker im ursprünglichen, positiven Sinn.

Doch gerade diese unbequemen Denker sind für den Fortschritt unerlässlich. Sie stellen Fragen, wo andere schweigen, sie brechen Regeln, um neue Wege zu finden. Geschichte und Wissenschaft wären ohne sie *nicht* denkbar. Was wäre unsere Welt ohne Menschen wie Nikola Tesla, der mit seinen Ideen weit über seine Zeit hinausdachte – und dafür lange belächelt oder ignoriert wurde?

Auch Menschen mit ADHS werden oft auf ihre „Schwächen" reduziert: Unruhe, Unkonzentriertheit, Impulsivität. Doch was dabei oft übersehen wird: Viele von ihnen sind außergewöhnliche *Out-of-the-Box-Denker* – kreativ, intuitiv, leidenschaftlich und voller ungewöhnlicher Ideen.

Das Gehirn bei ADHS funktioniert einfach anders. Es springt, verknüpft Dinge, wo andere keine Verbindung sehen, denkt in Bildern, in Möglichkeiten, in Visionen. Genau dieses unkonventionelle Denken hat in der Geschichte immer wieder zu bahnbrechenden Ideen geführt. Viele Künstler, Erfinder, Unternehmer und Wissenschaftler, die als Genies gelten, hätten heute wahrscheinlich eine ADHS-Diagnose bekommen.

Aber eine lebendige Gesellschaft braucht genau das: ***den Reibungspunkt.*** Ohne das Denken gegen den Strich entsteht kein Fortschritt, keine Innovation und keine echte Veränderung.

DER SPIEGEL DEINES INNEREN ZUSTANDS

Die Welt als Spiegel deiner inneren Haltung:

Stell dir vor, dein Leben ist wie ein großer, klarer Spiegel. In diesem Spiegel siehst du nicht nur deine äußere Umgebung, sondern vor allem das Abbild dessen, was in deinem Inneren geschieht. Was du denkst, fühlst und glaubst, spiegelt sich in der Welt um dich herum wider – genau wie dein eigenes Gesicht im Spiegel, wenn du hineinblickst.

Doch dieser Spiegel reagiert nur dann mit einem Lächeln, wenn du ihm *zuerst* selbst eines schenkst. Wenn du freundlich und offen in die Welt trittst, wird sie dir diese Haltung zurückgeben. Wenn du jedoch mit Ärger und Negativität auf andere zugehst, wirft dir der Spiegel oft dieselbe Energie entgegen.

Beispiel: Du gehst durch die Stadt und plötzlich stößt dich jemand versehentlich an.

Wenn du gereizt und wütend reagierst, wirst du oft merken, dass sich die Stimmung zwischen euch verschlechtert und die Person vielleicht zurückschimpft.

Wenn du jedoch freundlich lächelst und ruhig sagst: „Alles gut, kein Problem", kannst du eine positive Wendung herbeiführen. Manchmal entschuldigt sich der andere sogar leise und die Situation entspannt sich.

Du hast also die Wahl, wie du in diesen Spiegel schaust und welche Reaktion du provozierst.

Was Jesus mit „Was du säst, das wirst du ernten" meint:

Diese berühmte Weisheit zeigt, wie eng unser inneres Denken mit unseren Erfahrungen verbunden ist. Unsere Gedanken, Worte und Handlungen sind wie Samen, die wir in das Leben pflanzen. Die Ernte, die wir einfahren, entspricht der Energie und Haltung, die wir ausgesendet haben.

Wenn du in Liebe, Freundlichkeit und Dankbarkeit „säst", wirst du oft genau diese Qualitäten zurückerhalten. Wenn du jedoch Zorn, Misstrauen oder Negativität ausstrahlst, wird dir das Leben das spiegeln.

Die Kraft der Gedanken: Wie der Geist die Realität formt

Unsere Gedanken sind mächtiger, als viele glauben. Der Placebo-Effekt zeigt das eindrucksvoll: Allein der Glaube an eine Heilung kann im Körper echte Prozesse auslösen – ohne Medikamente, ohne äußere Eingriffe.

Das verdeutlicht, wie stark Geist und Körper verbunden sind und wie unsere innere Überzeugung die äußere Realität beeinflusst. Wenn ein Gedanke Heilung bewirken kann, wie viel mehr kann er dann für unser allgemeines Wohlbefinden, unsere Beziehungen und unsere Lebensumstände bewirken?

Positives Denken als aktive Lebenspraxis:

Positives Denken bedeutet nicht, die Augen vor Problemen zu verschließen oder unangenehme Gefühle zu ignorieren. Es heißt, Herausforderungen bewusst anders zu begegnen – mit einer Haltung der Offenheit, des Vertrauens und der Selbstverantwortung.

Beispiel:

Stell dir vor, du stehst im Regen ohne Regenschirm.

Du kannst dich ärgern, die Situation als schlimm empfinden und schlechte Laune bekommen.

Oder du erinnerst dich daran, wie du als Kind im Regen getanzt hast. Du lächelst, spürst die Leichtigkeit und nimmst die Situation an. Zuhause ziehst du dich um und fühlst dich innerlich gestärkt.

Deine innere Haltung entscheidet, wie du die Welt erlebst.

Du bist kein Opfer – Du hast die Wahl!

Es ist wichtig zu verstehen: Du bist kein Opfer deiner Umstände. Egal, was dir im Leben begegnet, es kommt wie gesagt immer darauf an, wie du darauf reagierst. Du hast immer eine Wahl – auch wenn es manchmal nicht so scheint. Die Haltung, in der du dich befindest, macht den Unterschied.

Leider geben viele Menschen ihre Verantwortung und Kontrolle ab, indem sie glauben, dass Glück oder Unglück allein von anderen Menschen oder äußeren Ereignissen abhängen. Diese Denkweise führt jedoch in eine Falle – sie macht passiv und ohnmächtig.

Eine wirksame Methode, um aus dieser Passivität herauszukommen, heißt *Reframing*. Dabei wird eine belastende Situation bewusst aus einer anderen, meist positiven oder zumindest neutraleren Perspektive betrachtet. Durch das Umdeuten kannst du neue Möglichkeiten und Handlungsspielräume entdecken.

Beispiele für Reframing im Alltag:

Situation: Du bist im Stau und wirst spät zur Arbeit kommen.

Opferrolle: „Das ist total unfair, alles läuft gegen mich."

Reframing: „Der Stau gibt mir Zeit, ein Hörbuch zu hören oder tief durchzuatmen, bevor ich mit dem Arbeitstag starte."

Situation: Ein Kollege reagiert unfreundlich auf deine Anfrage.

Opferrolle: „Der mag mich nicht, ich werde immer schlecht behandelt."

Reframing: „Vielleicht hat er gerade Stress oder einen schlechten Tag. Ich gebe ihm den Raum und bleibe freundlich."

Situation: Du hast einen Fehler gemacht.

Opferrolle: „Ich bin unfähig und schaffe nichts."

Reframing: „*Shit happens* und jeder Fehler ist eine Chance, etwas zu lernen."

Fazit:

Du bist kein Opfer, sondern ein Gestalter deines Lebens. Indem du deine Gedanken bewusst lenkst, Verantwortung für deine Haltung übernimmst und mit Methoden wie Reframing arbeitest, kannst du selbst in schwierigen Situationen dein inneres Gleichgewicht bewahren und positive Veränderungen bewirken. Der Spiegel deiner Welt wird es dir danken – und dir das Lächeln zurückgeben, das du hineingebracht hast.

AUTHENTIZITÄT UND SELBSTLIEBE

Viele Menschen leben ihr Leben nach *äußeren Erwartungen*, ohne sich zu fragen, ob der Weg, den sie gehen, wirklich der ihre ist. Sie passen sich an, verbergen ihre wahren Wünsche und unterdrücken ihre tiefsten Impulse – oft aus Angst vor Ablehnung oder weil sie glauben, nicht gut genug zu sein. Doch wer sich ständig verstellt, entfernt sich von seiner *wahren Natur* und verliert den Zugang zu innerer Erfüllung. Dieses Kapitel beleuchtet, warum Authentizität und Selbstliebe untrennbar miteinander verbunden sind und wie sie uns helfen, unser volles Potenzial zu entfalten.

Was bedeutet es, authentisch zu sein?

Authentizität bedeutet, deine *wahre Natur* zu leben, ohne dich hinter Rollen zu verstecken oder etwas vorzugeben, was du *nicht* bist. Es ist der Zustand, in dem du dich selbst in all deiner Vielseitigkeit und Unvollkommenheit annimmst. Authentisch zu leben bedeutet nicht, perfekt zu sein – es bedeutet, deine Fehler und Schwächen genauso zu akzeptieren wie deine Stärken.

Jeder Mensch hat eine einzigartige innere Wahrheit – eine Essenz, die sich in Form von Interessen, Leidenschaften und tief empfundenen Überzeugungen zeigt. Wenn wir authentisch leben, folgen wir dieser *inneren Führung*, anstatt uns von *äußeren Erwartungen* oder *Ängsten* leiten zu lassen.

Stell dir vor, du spielst ein Spiel. Du kannst dich entscheiden, entweder eine Rolle zu übernehmen, die nicht zu dir passt – vielleicht der „coole" oder „beliebte" Charakter – oder du entscheidest dich, einfach *du* selbst zu sein. Wenn du die falsche Rolle spielst, fühlt es sich irgendwann an, als ob du nicht mehr du bist. Doch wenn du authentisch bist, kannst du das Spiel genießen, weil du in deiner Rolle als der wahre „Du" wirklich frei bist.

*

Introvertiert & Extrovertiert

Authentisch zu sein bedeutet auch, sich selbst treu zu bleiben, unabhängig davon, ob man eher *introvertiert* oder *extrovertiert* ist. Es geht nicht darum, sich anzupassen oder die Erwartungen anderer zu erfüllen, sondern die eigene Persönlichkeit zu akzeptieren und zu leben.

Beispiel: Erika ist introvertiert. In großen Gruppen fühlt sie sich schnell überfordert und zieht es vor, in ruhigeren, kleineren Kreisen zu sein. Früher versuchte sie, sich extrovertierter zu geben, um dazuzugehören – sie nahm an großen Partys teil und versuchte, in Gesprächen besonders laut und auffällig zu sein. Doch irgendwann merkte sie, dass sie sich dabei nicht wohlfühlte und dass ihre Energie erschöpft war. Heute lebt sie authentisch, indem sie zu ihren Bedürfnissen steht: Sie bevorzugt kleinere Treffen mit guten Freunden und nimmt sich Zeit für sich selbst, wenn sie merkt, dass sie eine Pause braucht. Sie hat gelernt, dass es völlig in Ordnung ist, nicht immer im Mittelpunkt zu stehen, und dass ihre ruhige Art genauso wertvoll ist wie die eines extrovertierten Menschen.

Wenn du authentisch bist, befreist du dich auch von der Last, Erwartungen zu erfüllen oder dich in gesellschaftliche Normen zu fügen. Du hörst auf, nach der Zustimmung anderer zu suchen, um dich vollständig und wertvoll zu fühlen. Stattdessen erkennst du deinen *inneren Wert* an, unabhängig davon, was andere denken.

Besiege deine Angst!

Vielleicht hast du immer wieder darüber nachgedacht, deinen eigenen Stil zu entwickeln, sei es in der Mode oder in deinem Lebensstil. Doch die Angst, schräg angesehen zu werden oder nicht in die Gruppe zu passen, hält dich zurück. Authentizität bedeutet, diese ***Ängste zu überwinden*** und deinem eigenen Geschmack zu folgen, egal was andere denken. Wenn du das tust, wirst du feststellen, dass du dich viel freier und lebendiger fühlst.

> *„Authentizität ist eine Reise – eine Reise,*
> *in der du dich immer mehr von den äußeren Erwartungen befreist*
> *und immer mehr deinem inneren Kompass folgst."*

Selbstliebe ist hierfür ein wichtiger Bestandteil. Es bedeutet, sich selbst den Respekt und die Fürsorge zu geben, die man einem geliebten Menschen entgegenbringen würde.

Beispiel: Jonas war immer derjenige, der für andere da war. Er sagte selten Nein, nahm extra Arbeit an und stellte die Bedürfnisse anderer über seine eigenen. Doch innerlich fühlte er sich erschöpft und unausgeglichen. Als er begann, sich mit Selbstliebe auseinanderzusetzen, erkannte er, dass sein Verhalten ***aus Angst vor Ablehnung*** entstand. Er glaubte, nur dann wertvoll zu sein, wenn er für andere sorgte.

Er stellte sich die Frage: „Wie würde ich handeln, wenn ich mich selbst wirklich lieben würde?" Die Antwort führte ihn dazu, klare Grenzen zu setzen. Er begann, Nein zu sagen, wenn er es so meinte, und sich selbst Zeit für Erholung zu geben. Anfänglich fühlte er sich unsicher, doch mit der Zeit merkte er, dass die richtigen Menschen ihn nicht verließen – sie respektierten ihn sogar mehr.

In Wirklichkeit ist Selbstliebe ein Job,
denn als wir auf die Erde kamen,
wurde uns folgende Aufgabe aufgetragen:
„Kümmere dich gut um dich selbst,
liebe dich vom ganzen Herzen und
teile diese Liebe mit den Menschen!"

*

Wie können wir Authentizität und Selbstliebe bewusst in unser Leben integrieren? Hier sind einige praktische Schritte:

1. Höre auf deine innere Freude

- Frage dich regelmäßig: „Was fühlt sich für mich wirklich *stimmig* an?"

- Selbst *kleine Handlungen* in Richtung Freude können dein Leben transformieren.

2. Lasse die Angst vor Ablehnung los

- Nicht jeder wird dein *wahres Ich* mögen – und das ist in Ordnung.

- Die *richtigen* Menschen werden von deiner Echtheit angezogen.

3. Setze klare Grenzen

- Erkenne, dass *Nein* zu anderen oft *Ja* zu dir selbst bedeutet.

- Menschen, die dich wirklich lieben, werden *deine* Grenzen respektieren.

4. Sei sanft mit dir selbst

- Perfektion existiert *nicht* – Authentizität ist kraftvoller als Perfektionismus.

- Fehler sind Teil des Lernprozesses und *keine* Schwäche.

Fazit:

Die größte Illusion ist die Vorstellung, dass wir erst etwas „werden" müssen, um wertvoll oder vollständig zu sein. In Wahrheit sind wir **bereits genug** – so wie wir sind.

Authentizität ist keine Technik, die man lernen muss, sondern *ein Zustand,* zu dem man zurückkehrt, indem man sich selbst erlaubt, echt zu sein. Selbstliebe ist dabei der Schlüssel – sie ermöglicht es uns, unsere Wahrheit zu leben, ohne Angst vor Urteil oder Ablehnung.

Je mehr wir uns selbst lieben, desto freier werden wir. Und je freier wir sind, desto mehr leben wir in Übereinstimmung mit dem, was wir wirklich sind.

DER TRUGSCHLUSS DES „WENN"

„Wenn ich nur *fünf Kilo weniger* wiegen würde,
würde ich mich wieder in meiner eigenen Haut wohlfühlen."

„Wenn meine *Oberweite nur größer* wäre,
würde ich mich endlich wohl und weiblicher fühlen."

„Wenn ich einen *durchtrainierten Körper* hätte, ..."

„Wenn... wenn... wenn..."

Kennen wir diese Gedanken nicht alle? Diese endlosen „Wenns",
die uns glauben lassen, dass Wohlbefinden *nur* dann möglich ist,
wenn wir unseren Körper verändern – sei es durch Gewichtsverlust
oder das Erreichen eines bestimmten Schönheitsideals?

Doch ist das wirklich der Schlüssel zu einem besseren Gefühl mit
uns selbst? Was bedeutet *„Wohlfühlen"* eigentlich?

Stell dir vor, du wärst alleine auf einer einsamen Insel gestrandet.
Kein Publikum. Kein Schönheitsideal. Kein Spiegel. Nur der Ozean,
der Sand unter deinen Füßen und das Geräusch von Wellen, das
dich daran erinnert, wie natürlich alles ist, was lebt – auch du.

Wäre es dir dann wirklich noch wichtig, ob du einen Sixpack hast?
Ob du fünf Kilo mehr oder weniger wiegst? Würde das äußere
Idealbild überhaupt noch eine Bedeutung haben?

Wahrscheinlich *nicht.*

Denn Schönheitsideale leben vom Vergleich. Vom Außen. Von Reaktionen, Bestätigung, Bewertung. Wenn all das wegfällt, bleibt die Frage: Wie fühle ich mich mit mir selbst, ohne dass jemand zuschaut?

Plötzlich darfst du dir selbst ein Schönheitsideal erfinden. Eines, das sich nicht nach Likes, Laufsteg oder Maßband richtet. Sondern nach deinem Gefühl. Nach Wärme, Geborgenheit, Kraft, Freiheit.

Du erinnerst dich: In der Renaissance war ein weiches Bäuchlein ein Symbol von Reichtum und Sinnlichkeit. Später kam Size Zero, dann das Comeback der Kurven, dann ein durchtrainierter Körper – alles wechselte. Alles diente der Mode, der Industrie, der Macht über das Selbstbild der Frau.

Und du begreifst: Das alles waren *nur* Prägungen. Wie Kleidung, die man dir überwarf. Irgendwann hast du geglaubt, sie gehörten zu dir.

Aber was wäre, wenn du all das ablegen dürftest? Was bedeutet es dann wirklich, sich im eigenen Körper wohlzufühlen?

Es heißt oft: *Unser Körper ist unser Gefährt.* Stellen wir uns das einmal bildlich vor: *Du bist der Fahrer – und dein Körper ist dein Auto.*

Was brauchst du, damit du dich darin wirklich sicher und wohlfühlst?

Aufgefüllt sein:

- ✓ Ein Auto braucht Öl, Benzin und Kühlwasser – sonst bleibt es irgendwann stehen.

✓ Genauso brauchen auch wir *Energie:* gute Ernährung, ausreichend Schlaf, frisches Wasser, Vitamine und Nährstoffe. Nur wenn unsere „Batterie" voll ist, können wir kraftvoll durch den Alltag steuern.

Pflege:

✓ Nicht nur außen polieren – sondern sich wirklich kümmern. Auch ein Auto will regelmäßig bewegt, gewartet und liebevoll behandelt werden.

✓ So wie unser Körper: Bewegung, Stretching, Massage, Sauna, Ruhephasen – echte Selbstfürsorge.

Innen sauber:

✓ Niemand fühlt sich in einem Auto wohl, das innen voller Müll und Krümel ist.

✓ Auch wir brauchen innere Ordnung: Entgiftung des Körpers, emotionale Klarheit und Loslassen von Ballast. Denn wir innerlich aufräumen, entsteht Raum für Leichtigkeit, Freude und echtes Wohlbefinden.

All das zeigt: Es geht um Selbstwertschätzung!

Wenn du deinen Körper *wertschätzt*, wirst du ihn auch beginnen zu lieben. Denn eines ist klar: *Worin wir investieren, das gewinnt an Wert!*

Entspannung – ein unterschätzter Schlüssel zum Wohlfühlen:

Auch Entspannung ist ein zentraler Faktor, wenn es darum geht, dich in deinem Körper zuhause zu fühlen.

- ✓ Nach einem langen Tag draußen, wenn deine Haut noch warm ist von der Sonne, dein Herz ruhig schlägt und dein Atem tief geht...

- ✓ Oder nach einem heißen Bad, einer Massage, einem Moment nur für dich – dann fühlst du dich fast wie neu geboren.

- ✓ Wenn du in deine Lieblingskleidung schlüpfst, nichts zwickt, alles passt, und du einfach spürst: Ich bin ganz bei mir.

In solchen Momenten fällt es dir leichter, liebevoll mit dir selbst umzugehen – und mit deinem Körper.

Vielleicht ist dir schon einmal aufgefallen: An einem Tag, an dem du in Balance warst – an dem alles leicht und stimmig wirkte – war dir völlig egal, wie du aussiehst. Du warst glücklich. Vielleicht im Urlaub oder frisch verliebt. Im Moment. Und genau deshalb hattest du keinen Blick für Selbstzweifel.

Das Gefühl des Wohlbefindens kommt also von innen!

Das heißt, wenn du entspannt bist, fühlst du dich ausgeglichener, freier und weniger von äußeren Erwartungen oder Druck beeinflusst.

Du beginnst zu verstehen, dass wahres Wohlbefinden nicht von einer Veränderung des Körpers abhängt, sondern von einem *inneren Zustand* des Friedens und der Selbstakzeptanz. Das heißt, wenn es dir in deinem Inneren gut geht, spiegelt sich das auch im Außen wider.

Wenn du das nächste Mal darüber nachdenkst, etwas an deinem Körper zu verändern, um dich wohler zu fühlen – dann frag dich: „Wenn ich auf einer einsamen Insel gestrandet wäre – ohne Spiegel, ohne Vergleiche – wäre es mir dann wirklich noch wichtig?"

Und wenn du dir sagst: Aber ich bin ja nicht auf einer Insel – ich bin hier, mitten im Alltag, umgeben von Konkurrenz und ständigen Vergleichen...

Dann frag dich stattdessen: „Will ich da wirklich mitspielen? Oder erschaffe ich mir mein eigenes Spiel – mit eigenen Regeln? Ein Leben, das mich nährt, statt mich ständig auszubrennen?"

Wenn du etwas an dir verändern möchtest – zum Beispiel abnehmen – dann tu es für *deine Gesundheit*, nicht, um endlich „genug" zu sein. Denn du bist es längst. Jetzt. Genau so.

DIE NERVEN LIEGEN BLANK

Im vorherigen Kapitel hast du erfahren, dass wir uns besonders in entspannten Momenten und in einem geschützten Rahmen leichter in unserem Körper wohlfühlen und ihn besser annehmen können. Doch es gibt einen weiteren, oft übersehenen Faktor, der unser Körpererleben tiefgreifend beeinflusst: *das Nervensystem.*

Unser Nervensystem ist weit mehr als nur ein biologisches System zur Reizweiterleitung – es ist ein zentrales Bindeglied zwischen Körper, Geist und Gefühl. Es reguliert, wie wir Reize wahrnehmen, wie wir uns emotional erleben, wie präsent wir im *Hier und Jetzt* sind – und ob wir uns in unserem Körper sicher fühlen oder nicht.

Ein überlastetes oder dysreguliertes Nervensystem kann das Gefühl *des Getrenntseins vom eigenen Körper hervorrufen* – während ein reguliertes Nervensystem uns das Gefühl von innerer Ruhe, Klarheit und Geborgenheit schenkt.

In diesem Kapitel schauen wir uns an, wie genau das Nervensystem unser Wohlgefühl beeinflusst – körperlich, emotional und geistig – und warum es der Schlüssel sein kann zu einem tieferen Ankommen im eigenen Körper.

Die Sprache des Nervensystems:

Unser Nervensystem „spricht" in Empfindungen – über Herzschlag, Atmung, Muskeltonus, Hitze, Kälte, Kribbeln oder Taubheit. Viele dieser Signale nehmen wir oft erst dann bewusst wahr, wenn etwas aus dem Gleichgewicht geraten ist: Wenn das Herz rast, die Atmung flach wird oder wir uns wie „neben uns" fühlen. Doch in Wahrheit kommuniziert unser Nervensystem ständig mit uns.

Ein reguliertes Nervensystem fühlt sich oft subtil, aber stabil an: ein Gefühl von innerer Weite, sanfter Präsenz, warmer Erdung und Klarheit im Geist. In diesem Zustand können wir nicht nur unseren Körper besser spüren, sondern auch unsere Gefühle und Bedürfnisse wahrnehmen – ohne davon überwältigt zu werden.

Wenn das Nervensystem aus dem Gleichgewicht gerät...

Chronischer Stress, Überforderung, alte Verletzungen oder unterdrückte Emotionen können das Nervensystem in einen Zustand ständiger *Alarmbereitschaft* versetzen. Der Körper bleibt „on", auch wenn keine akute Gefahr besteht. Dies passiert auch, wenn wir unsere eigenen Bedürfnisse ignorieren oder uns ständig an äußere Erwartungen orientieren. Auch ein Mangel an Ruhe und Verbindung zu uns selbst können das innere Gleichgewicht stören. Wir schlaten dann in den *Überlebensmodus.*

Typische Anzeichen dafür sind:

- ✓ Ein Gefühl innerer Unruhe oder Getrieben-Sein
- ✓ Schlafprobleme und ein Gefühl ständiger Erschöpfung
- ✓ Plötzliche Wutanfälle oder Tränenausbruch
- ✓ Schwierigkeiten, zur Ruhe zu kommen oder zu entspannen
- ✓ Emotionale Reizbarkeit oder emotionale Taubheit
- ✓ Körperliche Verspannungen oder Schmerzen ohne klare Ursache wie z. B. Kopf- oder Bauchschmerzen
- ✓ Vergesslichkeit
- ✓ Ein Gefühl, nicht richtig „da" zu sein

Wenn das Nervensystem aus dem Gleichgewicht gerät und wir nur noch funktionieren, verlieren wir letztendlich den Kontakt zu uns selbst.

Der Weg zurück ins Wohlgefühl:

Die gute Nachricht ist: Das Nervensystem ist formbar. Es kann lernen, sich neu zu regulieren, Sicherheit zu empfinden und Entspannung zuzulassen. Durch bewusste, regelmäßige Praxis – etwa über Atemarbeit, Achtsamkeit, sanfte Bewegung oder somatische Techniken – können wir das System „neu programmieren".

Wirkliche Entspannung geschieht nicht im Kopf – sie geschieht im Nervensystem. Und dort beginnt auch das tiefe, stabile Wohlgefühl im Körper.

Vom Überleben zum Leben – die Rückkehr in die innere Sicherheit:

Viele von uns sind in einem inneren Zustand des „Überlebens" unterwegs, oft ohne es zu merken. Der Körper funktioniert, der Alltag läuft – doch unter der Oberfläche liegt eine unterschwellige Anspannung, ein leiser Alarmzustand. Dieser Zustand ist nicht „falsch", er war vielleicht einmal notwendig. Aber er hindert uns daran, wirklich zu leben – im Hier, im Jetzt, im Körper.

Die Rückkehr ins Wohlgefühl beginnt mit der Erlaubnis, wieder sicher zu sein. Nicht im Außen, sondern in uns selbst. Es ist ein Prozess der Re-Regulation – ein langsames Wiedererlernen von Entspannung, Vertrauen und Spüren.

Impulse zur Selbstregulation:

Diese einfachen Übungen können helfen, das Nervensystem zu beruhigen und dich wieder mehr in deinem Körper zu verankern:

1. Orientierung im Raum (5 Sinne aktivieren)

Schau dich bewusst im Raum um. Benenne 3 Dinge, die du siehst, 3 Geräusche, die du hörst, 3 Körperstellen, die du spürst. Diese Übung holt dich aus dem Kopf in den Moment – und dein Nervensystem merkt: Ich bin sicher.

2. Atem der Ruhe

Atme tief durch die Nase ein und doppelt so lange aus (z. B. 4 Sekunden ein, 8 Sekunden aus). Das verlängerte Ausatmen aktiviert den Parasympathikus – das System der Ruhe und Regeneration.

3. Schwere im Körper spüren

Lege dich hin und spüre, wie dein Körper vom Boden getragen wird. Lass ihn ganz „schwer" werden. Dieses Loslassen signalisiert dem Nervensystem: Ich darf hier sein. Ich bin gehalten.

*... und wenn du dich in deinem Körper **sicher** fühlst, öffnet sich auch der Zugang zu deinem **wahren Selbst** – jenseits von Gedanken, Konzepten und Rollen.*

BEZIEHUNGEN UND DAS STREBEN NACH GLÜCK

Viele Menschen glauben, sie wären nur dann „komplett", wenn sie in einer Beziehung leben. Doch das ist *eine Illusion* der Trennung – die Annahme, dass ein Partner das ***fehlende Puzzleteil*** für unser Glück ist. In Wahrheit können wir auch *ohne* Partner zu 100 Prozent glücklich sein.

Ohne Partner – komplett
Du kamst bereits *vollständig* auf die Welt.
Nicht als Hälfte, nicht als Fragment.
Du bist nicht auf der Suche nach der „anderen Hälfte" –
denn du bist schon ganz.
Du brauchst niemanden, um wertvoll zu sein.
Dein Licht leuchtet aus dir selbst heraus.
Mit oder ohne jemanden an deiner Seite –
du bist genug.
Ein Partner ist *nur* eine Ergänzung.
Zusätzlich. Oben drauf.
Ein Geschenk – kein Lückenfüller.
Schön, wenn er da ist.
Aber du bist auch ohne ihn ganz.
Komplett.
Genug.
Immer gewesen.
Immer sein.

Das Problem in unserer Gesellschaft ist, dass viele sich unglücklich fühlen, weil sie den „perfekten" Partner nicht finden oder ständig von einer Beziehung zur nächsten springen, nur um *nicht* allein zu sein. Oft wird das Gefühl von Mangel durch das Fehlen von Selbstliebe und das Bedürfnis, das innere Loch zu füllen, verstärkt. Das Ego ist präsent, und gesellschaftliche Erwartungen sowie Erziehung spielen eine große Rolle dabei, uns in diese Denkmuster zu treiben.

Wir suchen im Außen das,

was wir nur im Inneren finden können!

Ein Partner oder eine Familie ist nur ein Lebensmodell – eine von vielen möglichen **Optionen.** Viele Frauen träumen von einem Kind, in der Annahme, dass es sie glücklich machen wird. Doch die Realität ist oft eine andere: Auch wenn sie ihr Kind lieben, merken manche, dass die Anstrengung und Verantwortung sie *nicht* unbedingt glücklicher machen und sie nach *mehr* streben.

Der wahre Schlüssel zu Erfüllung und innerem Frieden liegt in der *inneren Arbeit.* Zeit in der Stille, Reflexion und die Entwicklung von Selbstliebe sind essenziell, um sich von äußeren Erwartungen zu befreien und zu erkennen, dass **wahres Glück** *nicht* von einem Partner oder äußeren Umständen abhängt.

Beispiel: Anita sucht ihren Retter

Anita war lange auf der Suche nach einem Partner. Jede Begegnung, jedes Date war begleitet von der Hoffnung: „Vielleicht ist er es." Doch immer wieder kam Enttäuschung. Unbewusst suchte sie jemanden, der ihr das Gefühl gab, **wertvoll und vollständig** zu sein

– eine Suche aus Mangel. Sie sehnte sich insgeheim nach *einem Retter*, der sie glücklich machen würde, da sie es selbst nicht mehr konnte, dachte sie.

Irgendwann war sie müde vom Suchen. Statt weiter im Außen zu jagen, begann sie, sich *nach innen* zu wenden. Sie stellte sich Fragen, die sie lange verdrängt hatte: „Was macht mich eigentlich aus?" – „Was tut mir gut?" – „Was bereitet mir Freude?"

Sie begann, sich mit sich selbst zu beschäftigen. Sie las Bücher, schrieb Tagebuch, meditierte. Sie entdeckte ihre Kreativität wieder, fing an zu malen, ging allein spazieren und verbrachte Zeit in der Stille.

Sie lernte, sich selbst wieder zu lieben. Nicht nur oberflächlich, sondern mit all ihren Facetten – mit ihren Stärken, Schwächen und Widersprüchen. Und sie traute sich, authentisch zu sein – ohne sich anzupassen oder jemand sein zu wollen, der sie nicht ist.

Dann packte sie ihren Rucksack und begann zu reisen – allein. Keine Flucht, sondern eine bewusste Reise zu sich selbst. Neue Länder, neue Menschen, neue Perspektiven. Und plötzlich spürte sie: „Ich bin endlich wieder glücklich – auch ohne Partner." Nicht oberflächlich – sondern tief. Friedlich. Frei.

Plötzlich war da *kein* Mangel mehr. Keine Leere. Kein Suchen. Nur noch ein innerer Frieden. Ihr „Topf" war voll – mit Selbstliebe, Freude und echtem Sein. Und genau in dieser Phase – als sie nichts brauchte – begegnete sie jemandem.

Es war leicht. Echt. Kein Klammern. Kein Drama. Einfach ein Miteinander auf Augenhöhe. *Er war das i-Tüpfelchen. Nicht das*

Fundament. Sie brauchte keinen Retter mehr. Und genau deshalb konnte Liebe fließen – aus Fülle, nicht aus Bedürftigkeit.

Fazit:

Manchmal findet uns die Liebe nicht dann, wenn wir suchen – sondern wenn wir aufhören, uns selbst zu verlieren. Wenn wir beginnen, unser eigenes Leben in die Hand zu nehmen, unseren Weg zu gehen, unsere Wahrheit zu leben. Denn wahre Liebe entsteht nicht aus Mangel, sondern aus Fülle.

Wer sich selbst gefunden hat, zieht nicht jemanden an, der ihn heilt – sondern jemanden, *der ihn ergänzt.* Nicht, um vollständig zu sein, sondern um gemeinsam weiterzuwachsen. Und genau solche Beziehungen halten – weil sie nicht aus Bedürftigkeit entstehen, sondern aus echter Verbindung.

DU BIST NICHT DER GEDANKE

Unsere Gedanken haben eine immense Kraft. Wir verbringen den Großteil unseres Lebens in einem kontinuierlichen Strom von Gedanken – oft in Form von Sorgen, Ängsten, Wünschen, Erinnerungen oder Vorstellungen darüber, wer wir sind und wer wir sein sollten. Doch inmitten dieses Gedankenkonstrukts existiert eine fundamentale Wahrheit, die oft übersehen wird: ***Du bist nicht der Gedanke.***

Diese Erkenntnis mag zu Beginn verwirrend erscheinen, da die meisten von uns tief mit ihren Gedanken und dem eigenen Selbstbild verbunden sind. Unsere Gedanken erscheinen uns so vertraut, dass wir glauben, wir sind sie. Wir identifizieren uns mit ihnen, als wären sie ein untrennbarer Teil von uns. Doch was wäre, wenn wir uns bewusst machen, dass Gedanken nur vorübergehende Phänomene sind, die in unserem Bewusstsein auftauchen und wieder verschwinden – wie Wolken am Himmel?

Woher kommt überhaupt der Gedanke?

Der Gedanke kommt aus der Tiefe deines Inneren – aber nicht unbedingt aus dem, was du wirklich bist. Er kommt aus:

- ✓ Erlernten Mustern

- ✓ Unbewussten Ängsten

- ✓ Alten Prägungen

✓ Automatischen Reaktionen des Egos

✓ Kollektiven Vorstellungen und Erwartungen

✓ Vergangenheit und Vorstellung von Zukunft

Wenn du beginnst, dich als diesen „Beobachter" zu erkennen, kannst du die Gedanken mit einer gewissen Distanz wahrnehmen, *ohne* dich mit ihnen *zu identifizieren.* Du kannst erkennen, dass Gedanken lediglich *flüchtige Erscheinungen* sind, die nicht das tiefere, unveränderliche Wesen dessen ausmachen, was du wirklich bist. Dies öffnet dir die Tür zu echter Freiheit. Denn wenn du die Gedanken als das erkennst, was sie sind – als flüchtige Erscheinungen in deinem Bewusstsein – kannst du dich von der Kontrolle befreien, die sie über dein Leben haben. Anstatt ständig im Strom von Gedanken zu schwimmen, kannst du dich entscheiden, der ruhige Ozean zu sein, in dem diese Wellen auftauchen.

Anbei ein Beispiel:

Stell dir vor, du gehst durch deinen Alltag und plötzlich taucht der Gedanke auf: *„Ich bin nicht gut genug."* Dieser Gedanke erscheint ohne Vorwarnung, vielleicht als Reaktion auf eine Herausforderung, die du gerade erlebst – wie eine schwierige Aufgabe bei der Arbeit oder eine Auseinandersetzung mit einem Freund. Wenn du dich mit diesem Gedanken identifizierst, beginnst du, an ihn zu glauben. Der Gedanke *„Ich bin nicht gut genug"* wird dann zu einem Teil von dir. Du fühlst dich niedergeschlagen und unsicher, beginnst, dich selbst als inkompetent oder unzulänglich zu sehen. Vielleicht reagierst du dann auf die Situation mit Schüchternheit oder vermeidest es, dich weiter zu engagieren, weil du glaubst, du wirst scheitern oder negativ beurteilt werden.

Doch stell dir vor, du hältst plötzlich inne und erinnerst dich daran: *„Ich bin nicht der Gedanke, der gerade in meinem Kopf auftaucht."* Du sagst innerlich *„Stopp"* und nimmst einen Moment, um zu erkennen, dass dieser Gedanke – *„Ich bin nicht gut genug"* – lediglich ein flüchtiger Gedanke ist. Du erkennst, dass dieser Gedanke nicht die Wahrheit über dich ist. Es ist nur eine Momentaufnahme deines Geistes, und du musst dich nicht von ihm leiten lassen. Du musst dir nicht alles glauben, was du denkst!

Wenn du das begriffen hast, bist du nicht mehr die Geschichten, die du dir erzählst, nicht mehr die Ängste, die dich beherrschen, nicht mehr die Sorgen, die dich quälen. Du bist das unendliche Bewusstsein oder besser gesagt der **göttliche Funke** in dir, der all dies wahrnimmt, aber sich nie damit identifiziert. Es ist ein Zustand der vollständigen Präsenz und Authentizität. Du bist nicht mehr gefangen in den Gedanken, die dir ständig etwas über dich erzählen, sondern du bist völlig im „Jetzt", verbunden mit allem, was ist. Dieser Zustand ist das, was viele als das **wahre Selbst** bezeichnen – etwas, das jenseits von Gedanken, Konzepten und Identifikationen existiert.

*

Anbei noch eine kleine Geschichte, die das sehr schön wiedergibt:

Der kleine See und der erste Gedanke

Es war einmal ein kleiner See,
der ganz still in einem Wald lag.
Kein Wind, kein Lärm, nur Stille.
Der See war ganz ruhig.

Der kleine See wusste nichts von Sorgen oder Fragen.
Er war einfach da.

Eines Morgens tauchte plötzlich eine kleine Welle auf.
Die Welle war *ein Gedanke*.

„Was bin ich?“, fragte sich *der Gedanke*. „Bin ich gut genug?“,
„Was ist morgen?“, „Was, wenn der Regen nie wieder kommt?“

Der See beobachtete den Gedanken.
Er wurde ein bisschen unruhig – das Wasser bewegte sich.
Mehr Gedanken kamen. Es wurde **lauter**.

Aber dann – ganz leise – erinnerte sich der See:
Ich bin **nicht** die Welle.
Ich bin **nicht** der Gedanke.
Ich **bin** der See.
Ich war schon da, bevor die Gedanken kamen.
Und wenn sie gehen, bin ich immer noch da.

Also hörte der See auf, den Gedanken hinterherzulaufen.
Er hörte auf zu fragen, zu grübeln, zu fürchten.

Er wurde still.

Und plötzlich:
Die Wellen legten sich.
Das Wasser wurde wieder klar.
Ganz ruhig.

Der kleine See lächelte in sich hinein.
Und so war er wieder ganz einfach: da.

BEOBACHTEN OHNE BEWERTEN

In einer Welt, die von *schnellen* Urteilen und ständigen Bewertungen geprägt ist, scheint die Fähigkeit, *„ohne zu bewerten"* zu beobachten, eine der schwierigeren und zugleich heilsamsten Fähigkeiten zu sein. Schon in den frühesten spirituellen und philosophischen Lehren wird die **Kunst des reinen Beobachtens** betont. Doch in der heutigen Zeit, in der unser Leben von Informationen und ständigen Reizen überflutet wird, neigen wir dazu, alles um uns herum sofort zu analysieren und zu bewerten. Wir stellen uns Fragen wie: „Gefällt mir das?" oder „Ist das gut oder schlecht?" Dieses unaufhörliche Urteilen beeinflusst nicht nur unsere Wahrnehmung der äußeren Welt, sondern auch unsere Beziehung zu uns selbst und zu anderen.

Die Kunst der unvoreingenommenen Beobachtung:

„Beobachten ohne zu bewerten" ist mehr als nur eine Technik; es ist eine Haltung, die unseren Umgang mit der Welt grundlegend verändert. Anstatt sofort zu urteilen oder zu analysieren, lernen wir, einfach nur zu beobachten. Diese unvoreingenommene Wahrnehmung hat die Kraft, uns aus den gewohnten Denkmustern zu befreien und einen klareren Blick auf das zu werfen, was wirklich geschieht. Der Psychologe und spirituelle Lehrer *Jiddu Krishnamurti* betonte immer wieder, dass die Wahrheit nur im Moment der „reinen" Wahrnehmung erfahren werden kann – wenn der Verstand nicht in Bewertungen und Konzepten verstrickt ist.

Beispiel: Du siehst ein Bild, das du nicht verstehst. Anstatt sofort zu urteilen, dass es „seltsam" oder „nicht schön" ist, kannst du einfach die Farben und Formen betrachten und beobachten, wie sie miteinander interagieren. Du musst nicht sofort eine Bedeutung zuordnen. In dieser Praxis schaffst du Raum, um das Bild ohne deine eigenen Vorurteile und Gedanken zu erleben.

Alles ist neutral!

In Wahrheit ist alles neutral. Es sind nicht die Dinge selbst, die gut oder schlecht sind – es sind unsere Gedanken, Bewertungen und Gefühle, die ihnen Bedeutung geben. Ein Regentag ist für den Landwirt ein Segen, für den Wanderer eine Enttäuschung. Ein kritischer Kommentar ist für den einen eine Chance zur Reflexion, für den anderen ein Angriff. Die Welt ist, wie sie ist – wir sind es, die sie durch unsere Perspektive färben.

Wenn wir das erkennen, entsteht Freiheit. Denn dann müssen wir nicht mehr automatisch reagieren. Wir können bewusst entscheiden, wie wir mit Situationen umgehen – und ob wir ihnen überhaupt eine Bedeutung beimessen wollen. Neutralität heißt nicht Gleichgültigkeit. Es heißt, einen Moment innezuhalten, bevor wir bewerten. Es heißt, zu sehen, was ist – nicht, was wir glauben, dass es sein sollte. Und genau darin liegt oft der erste Schritt zu innerer Ruhe: zu verstehen, dass die Welt nicht gegen uns ist. Sie ist einfach nur – *neutral.*

Beispiel: Du sprichst mit jemandem, der eine andere Meinung hat als du. Sofort kommen Bewertungen: „Diese Person versteht mich nicht" oder „Was er sagt, ist falsch." Du verlierst dich in diesen Gedanken. Stattdessen könntest du den Moment als *neutral* ansehen und einfach zuhören, was wirklich gesagt wird, ohne dessen Aussagen sofort als „richtig" oder „falsch" zu bewerten.

Was bringt dir das?

Das Praktizieren des Beobachtens ohne zu bewerten hat tiefgreifende Auswirkungen auf unser Leben. Einige der wichtigsten Effekte sind:

1. Reduzierung von Stress und Konflikten
Wenn wir aufhören, ständig zu bewerten, können wir unsere Reaktionen auf die Welt verändern. Oft führen Bewertungen und Urteile zu Konflikten – sei es in Beziehungen, am Arbeitsplatz oder in der Gesellschaft. Indem wir akzeptieren, dass Dinge nicht immer in „gut" oder „schlecht" eingeteilt werden müssen, kommen wir zu mehr innerer Gelassenheit und Verständnis.

2. Erweiterte Wahrnehmung und Klarheit
Durch das bewusste Beobachten ohne Bewertung schaffen wir Raum für eine tiefere Wahrnehmung der Realität. Häufig nehmen wir nur die oberflächlichen Aspekte von Dingen wahr, weil unser Verstand sofort eine Bewertung vornimmt. Wenn wir diese Bewertungen zurückstellen, entdecken wir die Tiefe und Nuancen der Realität, die uns sonst entgehen würden.

3. Förderung von Empathie
Eine unvoreingenommene Beobachtung fördert Empathie. Wenn wir Menschen ohne Urteil betrachten, sind wir eher in der Lage, ihre Perspektiven zu verstehen. Wir sehen sie nicht durch die Linse unserer eigenen Meinungen, sondern akzeptieren sie in ihrer vollen Komplexität und Menschlichkeit.

4. Freiheit von der eigenen Vergangenheit
Die meisten Bewertungen, die wir abgeben, basieren auf unserer eigenen Vergangenheit – auf Erlebnissen, die wir früher gemacht haben. Diese Bewertungen können uns daran hindern, die Gegen-

wart vollständig zu erleben und neue Erfahrungen zu machen. Wenn wir die Tendenz zur Bewertung ablegen, befreien wir uns von den Ketten unserer eigenen Geschichte und können mit einer offenen, neugierigen Haltung in die Welt eintreten.

Die Herausforderung der Praxis:

Die Praxis des Beobachtens ohne zu bewerten kann anfangs schwierig sein. Wir sind so gewohnt, zu urteilen, dass es fast automatisch geschieht. Es braucht Zeit und Geduld, um diese Gewohnheit zu durchbrechen und einen Zustand der Beobachtung zu erreichen, der vollkommen frei von Bewertungen ist.

Es erfordert auch Selbstmitgefühl – wir müssen uns bewusst machen, dass es ein natürlicher Teil des menschlichen Geistes ist, zu bewerten, und uns selbst *nicht* für diese Tendenz zu verurteilen. Stattdessen sollten wir die Praxis der unbewerteten Beobachtung als einen fortlaufenden Prozess der Achtsamkeit und Selbstverwirklichung sehen.

*

Übungen:

Es gibt verschiedene Möglichkeiten, das *Beobachten ohne zu bewerten* zu üben:

Atembeobachtung:
Setz dich in Ruhe hin und richte deine Aufmerksamkeit auf deinen Atem. Beobachte einfach, wie dein Atem kommt und geht – ohne ihn verändern oder bewerten zu wollen. Es ist nicht wichtig, ob er

tief oder flach, schnell oder langsam ist. Lass ihn einfach geschehen, so wie er gerade ist.

Gedanken beobachten:

Achte im Laufe des Tages auf deine Gedanken. Versuche, sie nur zu beobachten – ohne dich mit ihnen zu identifizieren oder sie zu bewerten. Wenn ein Gedanke auftaucht, kannst du dir innerlich sagen: „Ah, da ist ein Gedanke." Und dann lass ihn einfach weiterziehen wie eine Wolke am Himmel.

Beobachtung der Umwelt:

Geh nach draußen oder schau dich einfach um. Nimm bewusst wahr, was du siehst, hörst und spürst – die Farben, die Geräusche, die Bewegung um dich herum. Lass alles da sein, ohne es sofort zu benennen oder einzuordnen. Nimm die Welt mit offenen Sinnen wahr, ganz ohne Urteil.

Emotionale Beobachtung:

Wenn sich eine Emotion zeigt, nimm sie wahr, ohne sie zu bewerten. Du musst sie nicht weghaben oder verändern. Sag nicht „Das ist falsch" oder „Ich sollte nicht so fühlen". Stattdessen sei einfach bei dem, was gerade in dir lebendig ist – mit einem offenen, liebevollen Blick auf dich selbst.

Fazit:

„Beobachten ohne zu bewerten" ist eine kraftvolle Praxis, die zu mehr Klarheit, Frieden und Mitgefühl führen kann. Sie ermöglicht es uns, die Welt *ohne die Verzerrung unserer eigenen Meinungen und Urteile zu erleben.* Die wahre Freiheit, von der Krishnamurti und andere spirituelle Lehrer sprachen, entsteht aus der Fähigkeit, das Leben direkt zu erleben – *ohne* das ständige Bedürfnis, es *in Kategorien zu zerlegen* oder zu bewerten.

DAS STREBEN NACH SICHERHEIT

Was wäre, wenn du *angstfrei* durch dein Leben gehen könntest?
Wie würde sich das anfühlen?

Ist ein Leben ohne Angst vor dem Tod überhaupt möglich?
Viele Menschen, die eine Nahtoderfahrung erlebt haben, berichten
davon, dass sich danach alles verändert. Sie beginnen ein neues
Leben – ein angstfreies Leben. Denn sie wissen nun, was sie auf der
anderen Seite erwartet. Sie haben die Angst vor dem Tod verloren –
und damit auch die Angst vor dem Leben.

Schon wenn sie auf der Intensivstation in einem kritischen Zustand
erwachen, spüren sie oft keine Sorge, keine Angst mehr. Stattdessen: ein *tiefes Vertrauen.* Davon berichtet auch die Autorin Anke
Evertz, die nach einem schweren Brand mit lebensgefährlichen Ver-
brennungen ins Krankenhaus kam und dabei eine Nahtoderfahrung
erlebte. Als sie erwachte, wusste sie instinktiv, dass alles wieder gut
werden würde. Und tatsächlich: Ihre Wunden heilten auf erstaunliche Weise. Ihre Narben verblassten so sehr, dass kaum jemand glauben kann, dass sie einst als schweres Brandopfer galt.

Das Menschsein erscheint ihnen fortan wie eine *Abenteuerreise.* Sie
waren kurz zuhause. Sie durften sich erinnern, die Schönheit sehen
– und fühlen. Und plötzlich beginnt diese Reise mit *Stopp auf der
Erde* – mit all ihren Herausforderungen – richtig Freude zu machen. Sie nehmen das Leben nicht mehr so schwer, nicht mehr so
persönlich. Nicht, weil das Leben objektiv leichter geworden wäre,
sondern weil sich ihr Blick auf das Leben verändert hat. Sie leben
nun mit *mehr Leichtigkeit.*

Und mit dieser Leichtigkeit kehrt etwas zurück, das viele von uns verlernt haben: *Sorgenfreiheit.*

Das bedeutet:

- ✓ **Kein** ständiges Gedankenkreisen mehr.
- ✓ **Keine** Was-wäre-wenn-Spiralen.

Was, wenn ich meinen Job verliere?
Was, wenn der nächste Virus kommt – wie bei Corona?
Was, wenn der Krieg näher rückt?
Was, wenn ich in einen Autounfall gerate?
Was, wenn die Halsschmerzen etwas Schlimmes sind?

Denn diese Fragen bringen **Sorgen.**
Sorgen nähren **Angst.**

Und Angst hält uns zurück.
Angst *lähmt* uns.

Und wenn die Angst kommt,
suchen wir nach **Kontrolle.**

Diese Kontrolle ist ein
Schutzmechanismus des Egos.

Aber genau dieser Mechanismus
kann uns in eine *Abwärtsspirale* führen.

Angst, Sicherheit und Kontrolle führen dazu,
dass wir *Mauern* bauen – um unser Herz,
um unsere Freiheit, um unser Leben.

Wir sperren uns selbst ein. In ein *mentales* Gefängnis. Ein Gefängnis aus Sorgen, aus ständiger Wachsamkeit, aus *Misstrauen.*

Misstrauen gegenüber *anderen* –
Was denkt er? Was verschweigt sie?

Misstrauen gegenüber *dem Leben* –
Was lauert hinter der nächsten Ecke?

Misstrauen gegenüber *uns selbst* –
Kann ich das überhaupt? Bin ich stark genug?

Dadurch verlieren wir das *Vertrauen:*
in andere,
in das Leben,
in uns selbst.

Doch du bist *nicht* hier,
um dich *zu sorgen.*
Du bist hier, um *zu leben!!!*

*

Das Leben ist wie ein Fluss...

Das Bild des Flusses, der nie stillsteht und sich ständig verändert, spiegelt das Leben perfekt wider:

Im Versuch, Sicherheit zu finden,
verfallen wir der Illusion,
dass wir alles kontrollieren müssen –
dass das Leben planbar und beherrschbar sein sollte.

Doch das Leben ist **unberechenbar.**
Es bringt sowohl ruhige Ströme
als auch wilde, stürmische Abschnitte.

Die Frage ist:
Wie gehen wir damit um?
Wie finden wir Sicherheit in einer Welt,
die sich ständig wandelt?
Die Antwort liegt darin,
mit den Wellen zu schwimmen,
statt gegen sie anzukämpfen.

Wahre Sicherheit entsteht **nicht** durch Kontrolle,
sondern durch **Vertrauen.**

Vertrauen in **dich selbst.**
Vertrauen in **das Leben.**
Vertrauen in **etwas Größeres**, das dich trägt.

Lass dich treiben – wie ein Blatt im Fluss.

Wie die Jahreszeiten sich wandeln,
so wandelt sich auch dein Leben.
Blätter sprießen, Blätter fallen.

Menschen kommen, Menschen gehen.
Und alles gehört dazu.
Alles ist Teil des Flusses des Lebens.

Vertrauen heißt nicht,
dass dir **nie** etwas passiert.

Es heißt:
Was auch immer geschieht –
du wirst damit **wachsen.**
Du wirst getragen – von einer Kraft,
die größer ist als dein Verstand.

*

Zum Abschluss noch eine Geschichte, die das Thema sehr schön
wiedergibt:

Der kleine Vogel und der Ast

Ein kleiner Vogel saß hoch oben auf einem Ast. Der Wind blies
stark, der Ast wackelte. Aber der Vogel war ganz ruhig.

Ein anderes Tier rief:
„Hast du keine Angst, dass der Ast bricht?"

Der Vogel lächelte mit seinen Augen und antwortete:
„Nein.
Ich verlasse mich nicht auf den Ast.
Ich verlasse mich auf meine Flügel."

Bedeutung:

- **Sicherheit ist der Ast.**
  Er kann wackeln, brechen, sich verändern.

- **Vertrauen sind die Flügel.**
  Sie sind in dir.

Wenn du deinen Flügeln vertraust, brauchst du nicht alles im Außen kontrollieren. Sicherheit ist kein äußerer Zustand – es ist ein *inneres Gefühl*. Vielleicht ist dies die größte Erkenntnis von allen: Wir sind nie wirklich in Gefahr – wir haben nur gelernt, es zu glauben.

Wenn wir uns selbst und dem Leben vertrauen, können wir mit allem umgehen, was kommt – und finden so die wahre Sicherheit, nach der wir uns sehnen.

VERTRAUE DEINER INTUITION

Gott hat dir ein Geschenk gemacht: deine Intuition!

Sie ist mehr als nur ein Bauchgefühl. Sie ist deine innere Weisheit, dein feines Gespür für das, was wahr und stimmig für dich ist. Sie sagt dir: *„Du bist der Experte für dein eigenes Leben."* Niemand sonst kennt deinen Weg so gut wie du. Kein anderer Mensch – so weise oder erfahren er auch sein mag – kann dir sagen, was für dich richtig ist.

Wenn du lernst, deiner inneren Führung zu vertrauen, wirst du Antworten finden. Vielleicht nicht immer sofort, vielleicht nicht auf eine logische oder gesellschaftlich anerkannte Weise – aber du wirst sie erkennen.

Intuition reicht!

Du brauchst keine äußeren Autoritäten, keine Religion, keinen Guru, kein überteuertes Coachings, keine Rituale oder Systeme, um deinen Weg zu erkennen. Du brauchst auch keine energetischen Tools, keine spirituellen Labels oder Einweihungen. *Alles, was du wirklich brauchst, ist bereits in dir.*

Deine Intuition ist dein *innerer Kompass.*
Sie kennt den Weg. Sie führt dich leise, aber klar.

Oft suchen wir im Außen nach Bestätigung – nach Zeichen, nach Menschen, die uns sagen, wer wir sind oder wohin wir gehören. Wir wünschen uns Sicherheit durch Strukturen und Regeln. Aber all das kann uns nie vollständig erfüllen, solange wir die *leise Stimme* in uns ignorieren.

Deine Intuition spricht nicht in lauten Worten. Sie flüstert. Sie verlangt kein Drama, kein Spektakel. Nur ein aufmerksames Lauschen. Ein Innehalten. Ein Zulassen. Zeit in der Stille.

Und du brauchst auch keine Erlaubnis, um dich mit dem Göttlichen zu verbinden – du bist bereits verbunden. Von Anfang an. Ohne Bedingungen. Ohne Vermittler.

Kein Zertifikat kann dir sagen, dass du „bereit" bist. Keine äußere Autorität kann dir geben, was du längst in dir trägst: Verbindung. Wahrheit. Vertrauen.

Vertraue *deiner Intuition.*
Vertraue *dir selbst.*

Geh deinen Weg – nicht weil jemand ihn dir gezeigt hat, sondern weil du ihn *in dir gespürt* hast. *Du bist der Weg!*

*

Beispiel:

Jana hat sich in einen Mann verliebt, doch seine Signale sind widersprüchlich. Tief in ihrem Inneren spürt sie: Er meint es nicht ernst mit ihr. Ihr Bauchgefühl warnt sie – von Anfang an. Doch sie schiebt die *kleinen Red Flags* beiseite. Aus Unsicherheit sucht sie Hilfe. Jemanden, der sich mit Männern auskennt: einen Coach.

Sie vereinbart einen Termin. Der Coach – ein freundlicher Mann – macht ihr Mut: „Ich weiß, wie Männer ticken. Zusammen kriegen wir das hin."

Drei Monate wollen sie zusammenarbeiten. Der Preis liegt bei 1.000 Euro – eigentlich über ihrem Budget. Doch er versichert ihr, das sei ein echtes Schnäppchen. Andere Programme seien deutlich teurer. Und tatsächlich findet sie später Angebote für 5.000 Euro.

Sie sagt zu. Es ist ihr das wert. Die Angst, ihren Schwarm zu verlieren, ist zu groß. Es fühlt sich an, als könne sie ohne ihn nicht mehr leben. Jedes Treffen mit ihm ist ein Höhenflug – wunderschön. Und genau das möchte sie nicht verlieren.

Doch am Ende bleibt sie allein zurück – und um 1.000 Euro ärmer. All die Taktiken – sich rarmachen, nicht sofort antworten, ihn mit Komplimenten überhäufen – zeigen keine Wirkung.

Mehr noch:
Am Ende hat sie das Gefühl, sich selbst verloren zu haben.

„Hätte ich doch bloß auf mein Bauchgefühl gehört", denkt sie. Es hatte ihr von Anfang an signalisiert, dass er nur etwas Lockeres wollte. Es hatte sie gewarnt – doch sie hatte es ignoriert. *Statt sich selbst zu vertrauen, vertraute sie anderen.* Doch diese interessierten sich nur für eines: ihr Geld.

Coaching-Angebote dieser Art *boomen* gerade – und die Preise sind oft unmenschlich. Geht es hier wirklich noch darum, Menschen aufrichtig helfen zu wollen? Wohl kaum. In meinen Augen ist das Abzocke. Doch viele greifen in ihrer Verzweiflung trotzdem zu – und genau davon profitieren diese Anbieter.

Braucht man wirklich ein Coaching?
Nein. Suche nicht im Außen nach Antworten.
Stattdessen: Geh in die Stille und höre auf dein Gefühl.

*

Ego vs. Intuition

Manchmal stehen wir an einem Punkt, an dem wir uns fragen: Ist das jetzt meine Intuition – oder spricht gerade mein Ego? Wie kann ich das unterscheiden?

Ganz einfach:

Das Ego will Recht haben, will kontrollieren, will besser sein. Es denkt in Vergleichen, sorgt sich um Status, äußere Anerkennung und Sicherheit.

Es fragt:
Was denken die anderen? oder
Was verliere ich, wenn ich das tue?

Die Intuition hingegen ist still und frei von Angst. Sie kommt aus einem tieferen Ort – aus Vertrauen, innerem Wissen, aus Verbindung zu sich selbst.

Sie fragt nicht, ob etwas logisch oder passend ist. Sie fühlt sich einfach stimmig an. Nicht immer bequem, aber ehrlich. Nicht immer sicher, aber wahr.

Ein Trick, um den Unterschied zu spüren:
Wenn eine Entscheidung aus Druck, Unruhe oder dem Wunsch, sich zu beweisen, entsteht – dann spricht oft das *Ego.*

Wenn sie aus Ruhe, innerer Klarheit und einem Gefühl von „Ja, das bin ich" kommt – dann ist es meist die *Intuition.*

Beide Anteile gehören zu uns. Aber je mehr wir lernen, leise zu werden und ehrlich hinzuhören, desto besser erkennen wir: Was spricht wirklich – mein Ego oder meine innere Wahrheit?

WAS IST DEINE LEBENSAUFGABE?

Nun bist du hier auf der Erde – und kannst dich an *nichts* erinnern.

Es fühlt sich an, als wäre dieses physische Leben der Anfang deiner Reise, der Ursprung deiner Existenz. Doch das ist ein Trugschluss.

Du hast dich entschieden, hierherzukommen, um die physische Welt mit all ihren Herausforderungen zu erfahren. Aber was ist deine Aufgabe? Dein Ziel? Dein Herz sucht vielleicht Antworten.

Aber vielleicht ist die viel wichtigere Frage:
Muss es überhaupt ein Ziel geben –
oder geht es einfach nur ums Erleben?

Wir Menschen denken immer *in Zielen.*
Wir befolgen Regeln, glauben, erfolgreich sein zu müssen...
Doch in Wahrheit müssen wir nur eines:
Sein.

Du bist hier, um dich selbst als „*Ich*" zu erfahren.
Als *Individuum.*

Du darfst dich ausprobieren.
Du darfst Erfahrungen machen.
Du darfst genießen, scheitern, wachsen, staunen.

Du bist der Schöpfer deines Lebens.
Du gestaltest deine Realität – so, wie es dir entspricht.
Es ist deine Reise, deine Bühne, deine Erfahrung.

Du entscheidest.
Du bist frei.
Du hast einen freien Willen.

Folge deiner **Leidenschaft.**
Tu das, was dich lebendig fühlen lässt.
Was dich begeistert, was dich innerlich leuchten lässt.

Aber: Du musst nicht.
Du musst gar nichts.
Du darfst einfach nur sein.

Zurück im Himmel gibt es **keine** Trophäen –
und auch **keine** Bestrafung.

Es gibt nur das, was du erlebt hast.
Es ist eine Reise – **deine** Reise.

Es geht um **dich.**

Nicht um Erfolg.
Nicht um Macht.
Nicht um Reichtum.

Lebe mit Leichtigkeit.

Finde dich!

EIN TAG IM SEIN

Im vorherigen Kapitel hast du erfahren, dass es im Leben um das *Sein* geht. Vielleicht fragst du dich jetzt, wie man dieses *Sein* lebt. Im Folgenden findest du ein Beispiel aus dem Leben von Emma und Ben – ein Tag im Sein.

Die Geschichte von Emma und Ben:

Es war ein ruhiger Herbstmorgen, als Emma neben Ben aufwachte. Die Sonne schien sanft durch das Fenster, und der Raum war erfüllt von der Stille des frühen Morgens. Kein Wecker, kein Lärm – nur das leise Atmen des Raumes und die Nähe des anderen. Sie öffnete langsam die Augen und sah, wie Ben noch im Halbschlaf lächelte, als er sie ansah. „Guten Morgen", flüsterte er, und sie legte ihren Kopf auf seine Brust. Der Moment war so einfach, und doch war er perfekt. Es gab nichts zu tun, nichts zu erreichen – nur zu sein.

Gemeinsamer Morgen:

Emma und Ben standen zusammen auf, gingen in die Küche und bereiteten sich eine Tasse Tee vor. Die Stille zwischen ihnen war nicht unangenehm, sondern voller Verbindung. Sie lachten leise, als sie sich gegenseitig erzählten, was ihnen durch den Kopf ging, ohne etwas zu planen oder zu hetzen. Es war ein Gespräch ohne Eile, ohne Druck, nur aus dem Moment heraus.

Sie setzten sich an den Küchentisch, tranken ihren Tee und blickten aus dem Fenster. Der Himmel war in sanfte Herbstfarben getaucht, und die Bäume im Garten wogen sich im Wind. Kein Ziel, kein Plan, nur der Moment – und sie beide darin, verbunden, im Einklang.

Ein Spaziergang im Herbst:

Nach dem Frühstück gingen sie Hand in Hand nach draußen. Die Herbstluft war frisch und kühl, und die Blätter raschelten unter ihren Füßen. Sie gingen langsam, ohne viel zu sagen, nur das Geräusch ihrer Schritte und die leise Unterhaltung des Windes um sie herum. Der Wald in der Nähe ihres Hauses war ein wahres Paradies im Herbst – die Bäume waren in leuchtenden Farben, und die Sonne malte Muster auf den Boden.

„Schau mal", sagte Emma, als sie einen Baum mit besonders bunten Blättern sah, „wie schön das Licht heute ist."

Ben nickte und betrachtete die Bäume. Sie hielten inne, um einfach zu sehen, ohne etwas zu erklären. Der Moment war so vollkommen, dass es nichts brauchte, außer den Augenblick zu leben.

Ruhige Zweisamkeit:

Am Nachmittag setzten sie sich zusammen auf ihre Couch, eingehüllt in eine Decke. Sie lasen nebeneinander, ab und zu ein Blick, ein Lächeln, ein Wort. Aber es war nicht das Reden, was den Moment perfekt machte, sondern das Einfachsein miteinander. Es war die Verbindung im Sein – die Art, wie sie nebeneinander existierten, ohne etwas tun zu müssen.

Ein Abend im Sein:

Am Abend, als die Sonne unterging, entschieden sie sich, ein kleines Abendessen zu kochen. Sie hatten keine Eile, keine Zeitvorgaben – sie kochten zusammen, lachten über kleine Missgeschicke und genossen die Zeit miteinander. Es war nicht perfekt in dem Sinne, dass alles reibungslos verlief, aber es war perfekt in seiner Einfachheit.

Nach dem Essen setzten sie sich auf den Balkon und sahen sich gemeinsam den Sternenhimmel an. Es war ruhig. Die Luft kühlte sich ab, und alles um sie herum war in eine friedliche Stille gehüllt.

„Manchmal ist es schwer zu erklären, was einen perfekten Tag ausmacht", sagte Ben schließlich. „Aber ich glaube, es sind genau diese Momente, in denen wir einfach sind."

„Ja", antwortete Emma.

EIN TAG IM SEIN – ALS MAMA

Aber was ist, wenn du Mama bist? Hausfrau. Zuständig für alles –
immer. Wie sollst du da im Sein leben, wenn der Tag schon durch-
getaktet ist, bevor du überhaupt richtig wach bist?

Die Ansprüche sind hoch – nicht nur von außen, sondern vor allem
von innen. Du willst es gut machen. Alles im Griff haben. Liebevoll
sein, geduldig, organisiert. Schön soll es sein, gesund, sauber. Perfekt, wenn möglich. Aber Perfektion ist ein leiser Dieb. Sie stiehlt
dir den Moment, flüstert dir ins Ohr: *„Noch nicht genug."* Und du
rennst – durch To-do-Listen, durch Routinen, durch Selbstzweifel.

Doch was wäre, wenn du heute einfach nur da bist? Nicht perfekt,
sondern präsent. Nicht glänzend, sondern lebendig. Nicht getrieben,
sondern atmend.

Es ist früh am Morgen. Die Welt liegt noch still, die Kinder schlafen und der Ehemann ist schon auf dem Weg zur Arbeit. Du trinkst
deinen Kaffee nicht im Vorbeigehen. Du hältst die Tasse mit beiden
Händen, spürst die Wärme, atmest den Duft. Ein kleiner Moment –
ganz *für dich!*

Der Tag beginnt. Anziehen, Frühstück machen, Streit schlichten,
Tränen trocknen, lachen. Du funktionierst – aber heute willst du
mehr. Du willst nicht *nur* funktionieren, sondern *erleben*, fühlen
und präsent sein.

Wenn die Kinder im Kindergarten sind, gehst du eine Runde joggen.
Nicht, weil es gerade Trend ist, nicht, um in alte Jeans zu passen.
Du läufst, weil dein Körper sich danach sehnt. Weil Bewegung dich

befreit. Weil du Spannungen löst, nicht Erwartungen erfüllst. Früher war da der Druck: *„30 Minuten muss ich durchhalten."* Heute hörst du auf deinen Körper. Mal läufst du länger, mal kürzer. Ohne Zeitvorgabe. Deine Gedanken und dein Ego sind still, du bist im SEIN.

Später auf dem Spielplatz bleibt das Handy in der Tasche. Du scrollst nicht durch Deko-Ideen oder Fashion-Trends. Du sitzt im Gras, heute ungeschminkt, mit zum Pferdeschwanz gebundenem Haar. Perfektion war gestern, sagst du dir leise. Du hörst das Lachen deines Kindes, spürst den Wind auf deiner Haut und fühlst dich entspannt.

Und dann sind da diese Gedanken: Vielleicht sollte ich doch ein Business starten. Ich könnte etwas aufbauen. Mehr sein als *„nur"* Mama. Deine innere Stimme flüstert: *„Ich will mehr."* Aber du spürst auch den Druck. Die Frage: Ist das wirklich dein Herz – oder *dein Ego*, das ruft?

Am Abend liegst du neben deinem Kind. Es kann nicht allein einschlafen – und das ist okay. Du nutzt diesen Moment. Spürst deinen Körper, hörst das Rauschen draußen, das Atmen neben dir, das sanfte Gewicht dieser kleinen Hand auf deinem Arm. Du bist nicht woanders. Nicht bei der Wäsche, die auf dich wartet und auch nicht bei der unaufgeräumten Küche. Du bist *hier*. Präsent. Still. Ganz. Das ist alles, was zählt.

Und das zeigt dir: Ein Leben im Sein ist auch als Mama möglich. Nicht, wenn du wartest, bis alles ruhig, perfekt und aufgeräumt ist – sondern gerade mittendrin. In den kleinen, stillen Augenblicken. Da, wo du atmest. Wo du fühlst. Wo du einfach – bist.

SEIN GEHT AUCH ANDERS: BEWUSST LEBEN

Du magst nun sagen: Das ist nichts für mich. Einfach *nur* sein? Wie langweilig! Zu ruhig. Zu still. Zu langsam. Tee trinken, spazieren, in den Himmel schauen – das mag für manche heilsam sein, aber du spürst es anders. Du brauchst Bewegung. Klang. Begegnung. Impulse.

Aber weißt du was?
Sein geht auch anders.

Du stehst in der *Diskothek.* Die Musik pulsiert durch deinen Körper, der Beat trifft dich im Bauch. *Du denkst nicht mehr. Du fühlst.* Du bist. Im Moment. Vollständig. Wach. *Bewusst.*

Oder du bist auf einem *Konzert*, mittendrin, die Menge vibriert um dich herum. Du hebst die Arme, schreist die Lyrics mit, deine Stimme geht unter – und genau darin findest du dich. In diesem Kontrollverlust. In dieser Ekstase. In dieser Energie. Du denkst nicht an gestern oder morgen. *Du lebst im Jetzt.*

Du fährst *Inliner.* Kopfhörer drin. Der Wind streicht dir durchs Gesicht. Kein Ziel. Kein Plan. *Nur Bewegung. Keine Gedanken.* Und mitten darin: Frieden.

Du wanderst durch einen fremden *Markt in Indien*. Lärm, Gerüche, Stimmen. Nichts ist vertraut – aber alles ist echt und aufregend. Deine Sinne sind weit offen, dein Herz auch. Du bist da. Voll und ganz. Ohne Plan, aber mit Präsenz. Du beobachtest die Menschen. Nimmst alles *bewusst* auf, ohne zu bewerten. Du bist mit all deinen

Sinnen im Geschehen. *Kein Gedankenkarussell.* Deine Gedanken machen Pause. Alles ist ruhig in dir.

Das Leben verlangt nicht, dass wir immer still sind. Es verlangt nur, dass wir *ganz da* sind. Wahrhaft. Wach. Verbunden. *Im Jetzt.*

Sein bedeutet *nicht* Nichtstun.
Es bedeutet es *BEWUSST* zu erleben.
Es bedeutet weniger *Multi-Tasking.*

Ich muss...

Unser Alltag ist voll von *„Ich muss"*-Sätzen. Sie schleichen sich ein, Tag für Tag, und machen uns oft zu Getriebenen unseres eigenen Lebens. Doch wer ständig „muss", lebt selten bewusst. Statt im Moment zu sein, hetzen wir von Aufgabe zu Aufgabe – fremdgesteuert, routiniert, innerlich leer.

Bewusst leben bedeutet, innezuhalten. Zu fragen: Will ich das wirklich? Warum tue ich das? *Und was brauche ich gerade?* Es heißt, Verantwortung für Entscheidungen zu übernehmen – nicht aus Zwang, sondern aus Einsicht und Klarheit.

Der Weg zu einem bewussten Leben beginnt, wenn wir das „Ich muss" hinterfragen und durch „Ich entscheide mich" oder „Ich will" ersetzen. So entsteht Freiheit – nicht durch äußere Umstände, sondern durch innere Haltung.

Sein ist *nicht* ein bestimmter Ort.
Es ist ein *Zustand* – und du darfst ihn überall finden.
Frei von äußeren Erwartungen und Druck.

Bewusst leben – jetzt:

Bewusst leben heißt, im Jetzt zu leben. Doch was bedeutet das wirklich? Es bedeutet, den Ärger der Vergangenheit loszulassen – ihn nicht ständig mitzutragen wie einen schweren Rucksack. Es bedeutet auch, die Sorgen um die Zukunft nicht zu groß werden zu lassen. Sorgen sind wie Ballons: Du darfst sie loslassen. Sie gehören nicht dauerhaft in deine Hand.

Bewusst leben heißt, aus dem Gedankenkarussell auszusteigen. Weniger Multitasking, mehr Fokus. Mehr echtes Erleben. Wann hast du zuletzt die blühenden Blumen am Wegesrand wirklich gesehen? Ihre Farben, ihre Formen, ihren Duft? Oder warst du zu beschäftigt – mit Gedanken an gestern oder morgen?

Um dich wirklich auf das „Jetzt" zu konzentrieren, ist es wichtig, deine volle Aufmerksamkeit auf das zu richten, was du gerade machst. Wenn du zum Beispiel am Sonntagabend gemütlich in der Badewanne liegst und deine Gedanken schon wieder bei Montag sind, richte deine volle Aufmerksamkeit auf das, was du gerade wahrnimmst. Fühle die Wärme des Wassers. Welche Farben siehst du? Höre die Geräusche um dich herum. Atme ein paar Mal tief durch und beobachte, wie sich dein Brustkorb hebt und wieder senkt. Dadurch kommst du wieder zurück in den *aktuellen* Moment.

„Lebe im Jetzt" ist eine Einladung, das Leben mit all seiner Tiefe und Bedeutung zu erleben. Wenn wir im Moment leben, können wir uns von der *ständigen Sorge über die Zukunft* oder der *Belastung durch die Vergangenheit* befreien. Wir gewinnen mehr innere Ruhe, Freude und Authentizität. Indem wir uns bewusst auf das Jetzt konzentrieren, erleben wir die Welt um uns herum in ihrer vollen Pracht und beginnen, das Leben als das zu schätzen, was es wirklich ist – ein unendlicher Moment der Möglichkeiten.

WUNSCHLOS GLÜCKLICH SEIN

Die Kindheit: Die pure Leichtigkeit

Erinnere dich an die Zeit, als die Welt noch *voller Wunder* war – als du *ohne* Plan und ohne Erwartungen in den Tag startetest. Damals war das Leben ein Abenteuer, das keine großen Vorbereitungen brauchte. Jeder Moment war wertvoll und einzigartig, weil du ihn einfach mit allen Sinnen erlebtest.

Vielleicht erinnerst du dich an den Schmetterling, der sanft auf deiner Hand landete – ein kleines Wunder, das dich zum Staunen brachte. Oder das Geräusch des Kieses unter deinen Füßen, ein beruhigender Rhythmus, der dich begleitete, ohne Ziel oder Drang. Der Duft von Sommerregen, frisch und belebend, der dir das Gefühl gab, den Moment in seiner vollen Tiefe zu genießen. Oder der erste Schnee, der die Welt in eine weiche Decke hüllte. Ein strahlender Wintertag brachte Freude ohne Mühen, einfach durch das Sein. Alles war gut, so wie es war.

Momente der Naturverbundenheit:

Unsere Verbindung zur Natur schenkt uns immer noch diese Erinnerung an die *Leichtigkeit* und das Staunen der Kindheit. Wenn wir uns mit der Natur verbinden, können wir den Zugang zu einem Zustand finden, in dem alles seinen Wert hat, unabhängig von äußeren Erwartungen oder dem Drang, etwas zu erreichen.

Stell dir vor, wie du barfuß am Strand entlang gehst, das Rauschen der Wellen hörst und den salzigen Duft der Luft einatmest. Die Welt scheint stillzustehen – der Moment gehört nur dir. Oder du stehst auf einem Berggipfel, der weite Blick erstreckt sich über das Tal und der kühle Wind umspielt dein Gesicht. Hier bist du ganz *im Jetzt*, in Verbindung mit der unendlichen Weite.

Unter einem klaren Sternenhimmel fühlt sich die Zeit fast magisch an – jeder Stern scheint eine Geschichte zu erzählen, der Moment still und doch voller Bedeutung. Oder an einem sonnigen Tag, wenn die Sonne deine Haut erwärmt und der Duft von Gras oder frisch gegrilltem Essen in die Luft steigt – auch hier gibt es keinen Plan, kein Ziel, keine Erwartungen. Es gibt nur das Leben, in seiner schönsten und reinsten Form. In diesen Momenten gibt es auch „kein Erreichen" – nur das Leben, das in seiner Einfachheit und Fülle existiert. So wie damals in der Kindheit, wenn die Welt nicht von Druck oder Zielen geprägt war, sondern einfach von Staunen und Freude.

Glücklich sein ist eine Einstellung:

Wunschlos glücklich zu sein bedeutet, eine innere Haltung zu entwickeln, die *nicht von äußeren Umständen* abhängt. Es ist eine bewusste Entscheidung, das Leben in seiner vollen Fülle zu genießen, *ohne* sich von *gesellschaftlichen Erwartungen* oder *materiellen Dingen* leiten zu lassen. Es geht darum, das Glück als eine innere Ressource zu entdecken, die wir jederzeit anzapfen können – unabhängig davon, was um uns herum passiert.

- *Ein Lied pfeifen:*
  Lass deine Stimme erklingen, ohne darüber nachzudenken, ob es perfekt ist. Es geht um den Moment, nicht um die Perfektion.

- *Einfach mal nichts tun:*
  Faulheit ist nicht immer negativ. Manchmal ist es genau das, was du brauchst, um zu entspannen und wieder in deine innere Balance zu kommen.

- *Mit Freunden albern sein:*
  Lache, spiele und genieße die Leichtigkeit des Augenblicks, genauso wie du es als Kind getan hast. Das Leben ist nicht immer ernst – es darf auch leicht und verspielt sein.

Indem wir diesen inneren Zustand kultivieren, erinnern wir uns daran, dass wahres Glück nicht von äußeren Dingen abhängt. Es entsteht in dem Moment, in dem wir uns entscheiden, einfach zu leben und den Augenblick zu spüren. *Das Glück in den kleinen Dingen.*

Wirklich glücklich zu sein bedeutet, die kleinen, oft übersehenen Wunder des Lebens zu schätzen:

- *Ein blühender Baum am Wegesrand:*
  Beobachte, wie er mit den Jahreszeiten wächst, verändert und strahlt. Die Schönheit der Natur ist jederzeit um uns herum – wir müssen nur hinschauen.

- *Der Klang eines plätschernden Baches:*
  Seine Melodie lädt uns ein, den Stress loszulassen und einfach zu sein. Es ist die Erinnerung daran, dass das Leben in seinen natürlichen Rhythmen oft die größte Ruhe und Klarheit schenkt.

Das Glück ist JETZT:

Glück wartet nicht auf den perfekten Moment, den nächsten Urlaub oder das Erreichen eines großen Ziels. Es ist **hier und jetzt** – in jedem Atemzug, in der Stille des Morgens, im Sonnenlicht, das durch die Blätter tanzt. Es braucht **kein Mehr** – nur dein bewusstes Erleben des Moments.

Halte inne. Schau dich um. Lass dich nicht von der Hektik des Lebens ablenken. Das wahre Glück liegt nicht in den großen, bedeutenden Ereignissen, sondern in den kleinen, unscheinbaren Momenten des Lebens.

Vielleicht ist genau *jetzt*, in diesem Augenblick, der perfekte Moment, um wieder wunschlos glücklich zu sein – einfach, weil du es dir erlaubst, den Moment zu genießen und die Wunder des Lebens zu schätzen.

WARUM FÜHLEN WIR UNS IN DER NATUR SO WOHL?

Viele Menschen sagen, sie fühlen sich in der Natur „einfach besser". Sie gehen in den Wald, ans Meer oder auf eine Wiese – und spüren plötzlich Ruhe, Klarheit, manchmal sogar Geborgenheit. Aber woran liegt das? Ist es nur die Stille, das Fehlen von Lärm und Ablenkung? Oder steckt mehr dahinter?

Wir sind mit der Erde verbunden!

Für eine bestimmte Zeit schlüpfen wir in einen Körper – ein *Geschenk der Erde* –, um hier, in der dritten Dimension, Erfahrungen zu machen: zu lernen, zu lieben, zu wachsen.

Unser Körper besteht *aus Materie*. Und diese Materie stammt von der Erde. Materie ist das Sichtbare, das Greifbare – sie formt unseren Körper und all das, was uns umgibt. Sie ist verdichtete Energie, Schwingung in fester Form. Unser Körper besteht aus dieser Materie – aus den Elementen der Erde.

Die Erde gibt uns diesen Körper. Sie nährt, trägt und formt ihn – und nimmt ihn nach unserem Tod wieder auf. Deshalb nennen wir sie *Mutter Erde*: Sie ist der Ursprung unserer körperlichen Existenz.

Unser Körper ist also ein Teil der Erde – und die Erde ein Teil von uns. Durch sie können wir hier auf dieser Welt leben, erfahren, fühlen, wachsen. Doch während die Materie vergeht, bleibt das, was wir wirklich sind – die Seele, das Licht, die Energie.

Materie ist das Kleid, das wir für eine Zeit tragen – die Erde der Stoff, aus dem es gewebt ist.

Unser *wahres Selbst* – der göttliche Funke, das innere Licht, die Seele, oder wie man es nennen möchte – besteht aus Energie und Schwingung. Wir kommen aus einer feinstofflichen Dimension und sind nur Besucher auf diesem Planeten, im Körper, in dieser Form.

Auch in der Bibel steht: *„Du bist Staub, und zum Staub wirst du zurückkehren."* Diese Worte erinnern uns an den natürlichen Kreislauf des Lebens. Nach dem Tod bleibt der Körper auf der Erde, verwest und wird wieder Teil von ihr. Die Seele jedoch geht weiter – zurück zum Ursprung, zu Gott. Der Körper aber wird eins mit dem Ort, aus dem er gekommen ist.

Warum reden alle über Erdung?

Erdung bedeutet, sich wieder mit der Erde – und damit auch mit dem eigenen Körper – zu verbinden. In der Natur gelingt uns das auf natürliche Weise. Wenn wir durch den Wald gehen oder barfuß über eine Wiese laufen, erinnert sich unser Körper. Er erkennt seine Herkunft, seine Heimat. Und unsere Seele kann sich entspannen, weil sie spürt: Der Körper ist hier gut aufgehoben. Es ist, als würde sich tief in uns etwas „richtig" anfühlen – ohne dass wir es genau erklären könnten.

Deshalb suchen heute so viele Menschen wieder den Kontakt zu ihr – weil sie, oft unbewusst, spüren:
Hier finde ich zurück zu mir.
Hier bin ich verbunden.

Übung – Erdung: Wurzeln wachsen lassen

Dauer:
7–10 Minuten

Ort:
Am besten barfuß auf natürlichem Boden – im Wald, auf einer
Wiese oder am Strand. Alternativ in Ruhe zu Hause.

Anleitung:

1. Ankommen
Stelle dich entspannt und aufrecht hin, die Füße hüftbreit. Atme tief
ein und langsam wieder aus. Lasse mit jedem Ausatmen mehr Span-
nung los. Schließe, wenn du magst, die Augen.

2. Spüren
Richte deine Aufmerksamkeit auf deine Fußsohlen. Spüre den Kontakt zum Boden. Nimm wahr, wie du getragen wirst – jetzt, in diesem Moment.

3. Wurzeln wachsen lassen
Stelle dir vor, wie aus deinen Füßen feine Wurzeln in den Boden
wachsen. Zuerst sanft, dann kraftvoll. Sie wachsen tief – durch die
Erde, durch Gesteinsschichten – immer weiter, bis hinunter zum
Kern der Erde. Spüre, wie du mit jedem Atemzug tiefer verwurzelt
bist.

4. Ballast abfließen lassen
Und nun: Lass all den Ballast abfließen. Alles, was dich belastet –
Sorgen, Müdigkeit, Anspannung – darf über die Wurzeln nach unten

strömen. Die Erde nimmt alles auf, wandelt es. Spüre es. Lasse los. Vollständig.

5. Energie empfangen
Und jetzt: Der Kern der Erde beginnt, Energie zu dir zu senden. Eine warme, nährende, lebendige Kraft steigt durch deine Wurzeln auf – durch die Füße, die Beine, deinen ganzen Körper. Spüre, wie du mit frischer, klarer Energie erfüllt wirst – ruhig, kraftvoll, geerdet.

6. Zurückkommen
Bedanke dich innerlich bei der Erde. Nimm noch einen tiefen Atemzug. Bewege langsam deine Finger, Zehen, öffne die Augen – und kehre zurück in deinen Tag. Verbunden. Gestärkt.

Warum verlieren wir im Laufe des Lebens unsere Leichtigkeit?

Ab dem Moment, in dem Kinder mit Noten und schulischen Bewertungen konfrontiert werden, verändert sich ihre Wahrnehmung
von *Erfolg und Wert*. Die Bedeutung von „guten Noten" und
„höchsten Leistungen" wird zunehmend betont und als Maßstab für
gesellschaftliche Anerkennung und persönlichen Erfolg dargestellt.
Anstatt sich selbst für die eigene Kreativität und Originalität zu
schätzen, beginnen sie, sich an externen Maßstäben zu messen. Der
Druck, perfekt zu sein, setzt ein – ein Druck, der von Jahr zu Jahr
wächst und das natürliche Bedürfnis nach Entfaltung und Authentizität in den Hintergrund stellt.

Das Streben nach Perfektion – Gefahr oder Vorteil?

Perfektionismus wird in leistungsorientierten Gesellschaften häufig
als eine Tugend angesehen. Die Vorstellung, dass nur derjenige
Erfolg hat, der die höchsten Standards erfüllt, ist tief verwurzelt.
Perfektion wird nicht nur in der Schule oder im Beruf erwartet,
sondern auch im persönlichen Leben. Doch der Druck, ständig
perfekt zu sein, hat auch eine *dunkle Seite*. Wer ständig versucht,
allen Erwartungen gerecht zu werden und fehlerfrei zu sein, *verliert
sich selbst*. Statt aus innerer Motivation heraus zu handeln, wird das
eigene Verhalten von äußeren Maßstäben und dem Streben nach
Anerkennung bestimmt.

Der Perfektionismus kann zu einem teuflischen Kreislauf werden:
Fehler werden nicht als Lernchancen gesehen, sondern als persön-

liche Niederlagen, die den Selbstwert erschüttern. Es entsteht die Vorstellung, dass nur durch das *Erreichen von Höchstleistungen* der *eigene Wert* bestätigt werden kann. In der Realität jedoch führt dieser ständige Druck zu einer inneren Zerrissenheit. Das wahre Selbst, das sich aus den eigenen Bedürfnissen, Wünschen und Grenzen zusammensetzt, wird immer mehr verdrängt. Statt authentisch zu leben, definieren sich die Menschen zunehmend über das, was sie *leisten* können.

Südkorea – Ein extremes Beispiel der Leistungsorientierung:

Ein besonders deutliches Beispiel für die Auswirkungen einer extrem leistungsorientierten Gesellschaft ist Südkorea. Das Bildungssystem dort ist weltweit bekannt für seine hohe Intensität und den enormen Leistungsdruck, dem Schülerinnen und Schüler ausgesetzt sind. Schon im Grundschulalter müssen Kinder bis in den frühen Abend mit Lernen und Üben verbringen, um in den immer anspruchsvolleren Prüfungen und Wettbewerben gut abzuschneiden. Das südkoreanische Bildungssystem legt den Grundstein für eine Leistungsgesellschaft, in der der Erfolg in der Schule und an der Universität über das gesamte Leben entscheidet.

In Südkorea gilt der Zugang zu den besten Universitäten als Schlüssel zu einer erfolgreichen Karriere und einem guten sozialen Status. Dieser Druck führt dazu, dass die Schüler ihre **gesamte Identität** und **ihren Wert** aus den Noten und Leistungen ableiten. Das *wahre Selbst* bleibt dabei oftmals auf der Strecke. Der Wettbewerb und die ständige Überprüfung führen zu extremem Stress, Schlafmangel und einer Vielzahl von psychischen Erkrankungen und Angstzustände. Manche kommen erst um 22 Uhr nach Hause. Das zeigt, dass ein solcher Tag wirklich nur aus Lernen und Schlafen besteht.

Die Gesellschaft erwartet von den Schülern nicht nur hervorragende schulische Leistungen, sondern auch das perfekte Verhalten und äußere Erscheinungsbild. Dies führt dazu, dass viele junge Menschen ihre eigenen Interessen, Träume und Bedürfnisse aufgeben, um den Erwartungen gerecht zu werden.

Lebst du noch oder funktionierst du nur noch?

Die psychischen Folgen – Burnout und Depression:

Die negativen Auswirkungen *einer leistungsorientierten Gesellschaft*, die auf Perfektionismus und ständigen Erfolg setzt, sind vielfältig und betreffen sowohl die körperliche als auch die psychische Gesundheit der Menschen. *Burnout*, eine körperliche und geistige Erschöpfung aufgrund von chronischem Stress, ist eine der häufigsten Folgen des ständigen Drucks, sich zu beweisen.

Menschen, die sich immer weiter steigern und ständig ihre Grenzen überschreiten, riskieren, irgendwann zusammenzubrechen. Sie verlieren nicht nur ihre Energie, sondern auch das Gefühl für sich selbst. Ihr Leben dreht sich nur noch um die Erfüllung *äußerer Erwartungen*, und die ursprüngliche Leidenschaft für ihre Ziele wird durch Erschöpfung und Überforderung ersetzt.

Depressionen sind eine weitere häufige Folge des konstanten Leistungsdrucks. Wenn der Wert eines Menschen nur an seinen äußeren Erfolgen gemessen wird, entsteht eine tiefe Leere, wenn diese Erfolge nicht erreicht werden oder nicht ausreichen, um den eigenen Selbstwert zu bestätigen. In vielen Fällen resultiert dies in Gefühlen der Unzulänglichkeit und Hoffnungslosigkeit. Der ständige Vergleich mit anderen und das Gefühl, nie genug zu sein, führen zu einer ständigen inneren Unruhe und dem Verlust des Kontakts zum *wahren Selbst.*

*

Ohne gute Noten bekommst du keinen Job – Aber ist das wirklich der einzige Weg?

Es ist eine weit verbreitete Meinung: Wer gute Noten hat, bekommt auch einen guten Job. In vielen Fällen stimmt es, dass gute Noten Türen öffnen können, besonders bei der ersten Bewerbung. Doch sie sind längst nicht das einzige Kriterium, das über den Erfolg im Berufsleben entscheidet.

Noten messen nur einen Teil des Ganzen, denn sie sagen nichts über die Kreativität, Problemlösungsfähigkeiten oder Teamarbeit einer Person. Sie berücksichtigen nicht, ob jemand sich kontinuierlich weiterentwickeln kann oder wie empathisch er ist.

Die Frage ist: Würdest du wirklich den 1er-Schüler wählen oder den ruhigeren 3er-Schüler?

Der 3er-Schüler, der genauso wie der 1er in den Klassenarbeiten 2er schrieb, aber aufgrund seiner mündlichen Leistung eine 3 im Zeugnis erhielt, könnte genauso gut oder sogar besser arbeiten. Vielleicht legt er weniger Kaffeepausen als der extrovertierte Schüler ein und arbeitet währenddessen konzentriert und effizient.

Genauso könnte es sein, dass der 1er-Schüler sehr zielstrebig ist. Ihm mag Erfolg sehr wichtig sein. Dadurch könnte er seine Kollegen als Konkurrenz ansehen. Doch dies kann auch zu Spannungen führen, wenn die Zusammenarbeit und die zwischenmenschliche Kommunikation vernachlässigt werden.

Der 3er-Schüler jedoch ist vielleicht bescheidener, aber auch partnerschaftlicher. Er erkennt die Stärken der anderen an, arbeitet gut im Team und bringt sich konstruktiv ein. Vielleicht ist er derjenige, der ruhig im Hintergrund agiert, aber gleichzeitig ein offenes Ohr für Kollegen hat und eine positive Atmosphäre schafft. Diese Eigenschaften können genauso wertvoll – wenn nicht sogar wertvoller – sein als ein einzelner 1er-Abschluss.

Schlusswort:

Alles in allem zeigt sich: Unser heutiges Leistungssystem, das Menschen oft über Rollen, Titel und äußeren Erfolg definiert, steht im Widerspruch zu dem, was wir in unserem wahren Inneren sind. Solange Wert nur über Funktion, Produktivität oder Status gemessen wird, bleibt das Wesentliche oft auf der Strecke: das bewusste Sein, das Menschsein jenseits jeder Maske.

Natürlich wäre ein grundlegender Wandel nötig – hin zu einem System, das nicht nur Leistung, sondern Menschlichkeit würdigt. Doch bis dahin ist es wohl noch ein weiter Weg.

Und vielleicht beginnt dieser Wandel nicht im Außen, sondern in uns selbst. Indem wir beginnen, aufzuwachen. Indem wir hinter die Kulissen unserer eigenen Truman Show blicken – und den Mut finden, sie zu verlassen.

Denn wahre Freiheit entsteht dort, wo wir erkennen, dass wir nie das waren, was man uns glauben ließ – sondern immer der *göttliche Funke* dahinter.

WENN ALLE GLEICH WÄREN...

Was würde geschehen, wenn alle gleich wären?

Wenn alle im gleichen Licht leuchten würden.
Wenn es *kein* talentiert und durchschnittlich,
kein besser oder schlechter mehr gäbe.
Wenn jeder von uns denselben Wert trüge –
unantastbar, unvergleichlich, vollkommen.

Das Jenseits soll solch ein Ort sein!
Ein Ort jenseits der Unterschiede.
Kein Wettbewerb, kein Vergleichen.
Nur Sein. Reines, friedliches, bedingungsloses Sein.

Doch was bedeutet das für uns?

In unserer Welt ist vieles darauf aufgebaut, anders zu sein. Besonders mehr zu leisten, schneller zu rennen, weiter zu kommen. Wir definieren uns durch Rollen, Erfolge, Fähigkeiten. Wir wachsen im Widerstand, im Streben, im Messen mit dem Anderen. Der *Konkurrenzkampf* – subtil oder brutal – ist Teil unseres Lebens. Er beginnt in der Schule, lebt in Karrieren, sogar in Beziehungen. Wir wollen gesehen werden. Geliebt. Bewundert. Vielleicht sogar beneidet.

Aber stell dir vor: All das fällt weg.
Niemand ist schöner.
Niemand ist klüger.
Niemand ist gefeierter.

Du bist du – und das genügt.
Nicht, weil du etwas erreicht hast.
Sondern weil du bist.

In so einem Zustand verliert das Ego seinen Halt. Es hat nichts mehr zu verteidigen. Keine Bühne mehr, auf der es glänzen kann. Kein Applaus, kein Vergleich, kein Rang.

Was bleibt dann?
Vielleicht: Ruhe.
Vielleicht: Verbundenheit.
Vielleicht: Wahrheit.

Und dann stellt sich eine neue, tiefere Frage:
Worauf würdest du dich dann konzentrieren?

Wenn du nichts mehr beweisen musst, wenn niemand besser oder schlechter ist – worauf richtet sich deine Aufmerksamkeit?

Vielleicht auf das, was dir ***Freude macht.***
Auf das, was dich ***innerlich berührt.***
Auf das, was du ***nicht musst, sondern willst.***

Vielleicht würdest du tanzen, nur weil es sich gut anfühlt.
Malen, ohne zu fragen, ob es jemand kauft.
Singen, weil die Melodie dich trägt.
Vielleicht würdest du einfach da sein – ganz, offen, leicht.

Wenn es ***keinen Wettbewerb*** mehr gibt, bleibt Raum für das, was spielerisch ist. Was ehrlich ist. Was lebendig ist.

Vielleicht ist das das eigentliche Ziel – nicht, besser zu sein, sondern ***freier.***

In Wahrheit sind wir alle gleich.
Wie bitte? Ja.
Wir stammen alle aus der **gleichen Quelle.**
Wir sind ein Funke aus **demselben Ursprung.**
Ein Ausdruck des *einen* Lebens,
das sich in *vielen* Formen zeigt.

Wofür der Konkurrenzkampf???

Wenn wir zurückkehren,
hat unser Erfolg **keine Bedeutung** mehr.
Es geht nicht darum, was wir erreicht haben
oder wie wir gewirkt haben.
Nur, wie wir geliebt haben –
und wie sehr wir uns selbst erlaubt haben, *echt zu sein.*

Vielleicht sollten wir uns öfters daran erinnern.
Nicht erst am Ende.
Nicht erst, wenn alles vorbei ist.
Sondern genau jetzt –
mitten im Lärm, im Streben, im Alltag.
Denn tief in uns wissen wir es längst:
Wir sind gleich. Und wir sind genug.

*

Wenn Erkenntnis auf Alltag trifft:

Aber was nützt mir dieses Wissen, wenn ich im Meeting sitze, der
Chef Druck macht und alles in mir einfach nur funktionieren will?,
magst du dich jetzt fragen.

Es stimmt. Im Alltag ist diese Erkenntnis nicht immer sofort umsetzbar. Man kann dem Chef schlecht sagen: *„Du hast mir nichts zu sagen. Du bist nicht besser. Wir sind alle gleich!!!"* Und trotzdem: Dieses Wissen ist *nicht* nutzlos. Es wirkt – still, im Hintergrund.

Innere Entlastung statt äußere Rebellion:
Die Erkenntnis, dass wir alle aus derselben Quelle stammen, verändert nicht unbedingt sofort das System – aber sie verändert *dich*.

Deine *innere* Haltung.
Deinen Umgang *mit Druck*.
Deine Sicht auf *dich* selbst.

Du beginnst zu verstehen:
Ich muss *nichts* leisten, um wertvoll zu sein.
Ich darf mit mir selbst *mitfühlend* sein.
Ich bin *nicht* getrennt – auch wenn es sich manchmal so anfühlt.

Und das macht einen Unterschied.
Plötzlich brauchst du *weniger* Rechtfertigung.
Weniger Anerkennung.
Weniger Kampf.
Leichter leben – nicht, weil alles leicht ist

Dieses Bewusstsein bringt nicht die perfekte Lösung für jede Alltagssituation. Aber es bringt dir *Leichtigkeit* in deine innere Welt. Und das verändert, wie du durch den Tag gehst.

    ✓   Du kannst dich entspannen – ohne dich gehen zu lassen.

    ✓   Du kannst präsent sein – ohne dich zu verlieren.

✓ Du kannst Leistung bringen – ohne dich über Leistung zu definieren.

Freiheit im Inneren – ein neuer Blickwinkel:

Was nützt dir also diese Erkenntnis? Vielleicht nicht sofort etwas, das du sagen kannst. Aber etwas, das du *fühlen* kannst: Freiheit und Entspannung. Ein neuer Blickwinkel. Und die Erlaubnis, einfach zu sein. Das Leben bleibt fordernd. Aber du beginnst, dich ***weniger zu verlieren.*** Weil du etwas in dir kennst, das unberührt bleibt.

DIE GÖTTLICHE ABSICHT HINTER
UNSERER VERSCHIEDENHEIT

Im Himmel sind wir *alle gleich*, doch hier auf der Erde könnten wir nicht unterschiedlicher sein. Hautfarben, Sprachen, Religionen. Armut und Reichtum. Laut und leise. Schnell und bedacht. Empfindsam und hart. Verletzlich und verschlossen. Warum hat Gott uns in so *eine Welt der Gegensätze* gestellt, wenn am Ende doch alle im gleichen Licht stehen?

Vielleicht ist genau das die göttliche Lernaufgabe: Uns selbst inmitten dieser Verschiedenheit zu erkennen. Und mehr noch – in dieser Verschiedenheit zu lieben.

Denn Einheit in der Gleichheit ist leicht. Aber Einheit trotz der Unterschiede – das ist die wahre Meisterschaft. Vielleicht sollen wir hier lernen, was im Himmel schon selbstverständlich ist: dass hinter jedem Gesicht, jeder Meinung, jeder Geschichte, ein Mensch steckt. Ein Herz. Ein göttlicher Funke.

Unsere Unterschiede fordern uns heraus. Sie lösen in uns Reaktionen aus – Ablehnung, Bewunderung, Angst, Neugier. Doch genau darin liegt das Lernfeld: Werden wir urteilen oder versuchen zu verstehen? Werden wir uns verschließen oder öffnen? Werden wir sagen „Du bist falsch" – oder „Was kann ich durch dich lernen"?

Vielleicht hat uns Gott genau deshalb so verschieden gemacht. Weil gerade in der Vielfalt der Weg zurück zur Einheit liegt. Ein Weg, der nicht von außen vorgegeben wird, sondern innerlich gegangen werden muss – durch Erfahrung, durch Begegnung, durch Reibung und Reflexion.

Und vielleicht liegt in dieser Vielfalt die Chance, uns selbst neu zu erkennen. Nicht nur als getrenntes Ich, sondern als Teil eines großen Ganzen. Einer Menschheitsfamilie, die vergessen hat, dass sie eigentlich eins ist.

WARUM MENSCHEN BÖSE WERDEN

Die Frage, warum Menschen *„böse"* werden, beschäftigt viele. Das, was wir als „Böses" bezeichnen, ist oft das Ergebnis von Missverständnissen, Ängsten und der Trennung von unserem **wahren Selbst.** Es ist wichtig zu verstehen, dass niemand von Natur aus böse ist. Vielmehr entstehen böse Handlungen häufig aus einer verzerrten Wahrnehmung der Welt und unserer Beziehung zu anderen.

Die Trennung ist eines der größten Missverständnisse, die Menschen zu „bösen" Handlungen verleiten können. Diese Trennung bedeutet nicht nur eine äußere Distanz, sondern auch eine innere Wahrnehmung des Getrenntseins *von anderen*, *von der Welt* und von unserem *eigenen wahren Selbst*.

Stell dir vor, du bist in einer Gruppe von Menschen und wirst immer wieder übersehen. Vielleicht wirst du *nicht* gehört oder sogar missverstanden. In diesem Moment fühlst du dich von der Gruppe getrennt und beginnst, dich unsichtbar oder unwichtig zu fühlen. Dies kann eine tiefe innere Verletzung hervorrufen. Wenn du dann das Gefühl hast, dass du dir Gehör verschaffen musst, um wahrgenommen zu werden, könntest du auf eine *aggressive* Weise handeln – zum Beispiel, indem du laut wirst oder versuchst, dich auf Kosten anderer in den Vordergrund zu stellen.

In diesem Moment sind deine Handlungen nicht aus böser Absicht entstanden, sondern aus dem Gefühl der Trennung und des Schmerzes. Du hast das Gefühl, dass du allein bist und dass andere dich *nicht* verstehen oder respektieren. Dein innerer Schmerz führt dazu, dass du auf eine Weise reagierst, die anderen möglicherweise schadet, obwohl dies nicht deine Absicht war.

Das Ego:

Wenn wir uns ausschließlich mit unserem Ego identifizieren, sehen wir uns als getrennte Individuen, die um *ihr eigenes Wohl* kämpfen müssen. Wir neigen dazu, uns selbst als das „Zentrum der Welt" zu betrachten und sehen andere oft nur als Mittel zum Zweck oder als Konkurrenz.

Angenommen, du arbeitest in einem Team und ein Kollege bekommt eine Beförderung, die du für dich selbst erwartet hast. Dein Ego könnte in diesem Moment *verletzt* werden, und du beginnst, den Kollegen negativ zu betrachten oder sogar Intrigen zu spinnen, um ihm das Erreichte zu nehmen. In diesem Moment handelt es sich nicht um böswillige Absicht, sondern um die *Angst des Egos*, sich minderwertig oder ungesehen zu fühlen. Du hast dich mit einer äußeren Rolle identifiziert und fühlst dich bedroht, was die Grundlage für negative Gefühle und Handlungen bildet.

Oder in der Liebe: Zwei Frauen interessieren sich für denselben Mann. Oder eine Frau verliert einen Mann an eine andere. Plötzlich bricht ein *innerer Kampf* aus – kein Kampf um Liebe, denn echte Liebe ist frei, sondern um Bestätigung. Denn das Ego hasst es, sich „verloren" zu fühlen. Es hasst es, ersetzt zu werden. Nicht weil die Liebe so tief war, sondern weil das eigene Bild von sich selbst ins Wanken gerät.

Das Ego lebt aus dem Mangel heraus. Es kennt keine Fülle. Es sieht den Erfolg des Anderen nicht als Möglichkeit zur Inspiration, sondern als Angriff auf die eigene Identität. Es sieht Konkurrenz, wo keine sein müsste. Es will *besitzen,* was es liebt – statt zu lieben, was *frei* ist.

Erkennen wir das, beginnt die Befreiung. Dann sehen wir: Die Beförderung des Kollegen schmälert unseren Wert nicht. Die Liebe, die ein anderer Mensch empfängt, nimmt uns nichts weg. Das Licht des Anderen verdunkelt nicht unseres – es erinnert uns daran, dass auch *wir leuchten können*, wenn wir uns nicht vom Ego leiten lassen, sondern *vom Herzen*.

Der Weg aus dem Ego ist kein einfacher. Es bedeutet, sich selbst zu hinterfragen. Es bedeutet, die inneren Reaktionen zu beobachten, ohne sofort in sie einzusteigen. Aber dieser Weg lohnt sich – denn jenseits des Egos beginnt der Frieden. Und die echte Verbindung – zu uns selbst und zu den Menschen um uns herum.

Die wahre Veränderung beginnt in uns:

Selbstwahrnehmung bedeutet, dass wir uns Zeit nehmen, um über uns selbst nachzudenken. Wir beobachten unsere Gedanken und Gefühle und fragen uns, warum wir auf bestimmte Dinge so reagieren, wie wir es tun. Wenn wir erkennen, warum wir uns auf eine bestimmte Weise fühlen oder denken, können wir unsere Reaktionen bewusst verändern, steuern und uns selbst weiterentwickeln. Wenn du dich **selbst** besser verstehst, kannst du auch empathischer und geduldiger mit anderen umgehen. Du wirst in der Lage sein, Missverständnisse leichter zu klären, statt sofort in den Verteidigungsmodus zu gehen.

Stell dir vor, jeder Mensch würde mehr auf sich selbst achten – wie er sich fühlt, was er denkt und wie er auf andere reagiert. In Freundschaften, Beziehungen oder sogar am Arbeitsplatz würde das die Kommunikation und das Verständnis enorm verbessern. Wir würden weniger Konflikte haben, weil wir lernen, wie wir unsere eigenen Gefühle kontrollieren können und verstehen, was andere durchmachen.

Manipulation:

Seit es Religionen gibt, ist es nicht zu übersehen, dass die Gedanken und Handlungen der Menschen beeinflussbar sind – besonders wenn sie sich in keinem guten psychischen Zustand befinden oder emotional verwundbar sind. Dies zeigt sich sowohl im Afghanistan –Konflikt als auch zur Zeit von Hitler.

Manipulation und fehlende Bildung führen dazu, dass Menschen „böse" oder destruktive Verhaltensweisen an den Tag legen. Diese Menschen glauben, dass sie für das, woran sie glauben – sei es eine Religion oder ihr Land – kämpfen und mit ihrem Leben beschützen müssten. Sie merken nicht, dass sie eine *verzerrte Wahrnehmung von Gerechtigkeit* entwickelt haben.

Ein häufiger manipulativer Ansatz ist die *Entmenschlichung* von anderen. Wenn Menschen als „Feinde" dargestellt werden, sieht man sie oft als minderwertig an und verliert die Empathie für sie. Das macht es leichter, Grausamkeiten oder Gewalt gegen diese Personen auszuüben.

Kindheit:

Stell dir vor, jemand wird in seiner Kindheit oft kritisiert oder missachtet. Diese Person wächst auf und hat das Gefühl, dass ihre Bedürfnisse und Gefühle nie wirklich beachtet wurden. Wenn sie dann als Erwachsener auf eine ähnliche Situation trifft, in der ihre Meinung oder ihre Bedürfnisse nicht gehört werden, kann es sein, dass derjenige in diesem Moment *unkontrolliert wütend* wird oder sich rächen möchte. Die Ursache dieser Wut ist nicht der aktuelle Moment, sondern die jahrelange Ansammlung von ungelöstem Schmerz und Enttäuschung. Die Person handelt aus einer ***inneren Verletzung*** und dem Gefühl der Trennung.

Böse Taten entstehen oft **nicht** aus einer bewussten Entscheidung, anderen zu schaden, sondern aus einer unbewussten Reaktion auf unverarbeitete emotionale Wunden. Wenn Menschen sich über lange Zeit hinweg ungeliebt, unverstanden oder ungerecht behandelt fühlen, können sie beginnen, ihren Schmerz in einer Art und Weise nach außen zu tragen, die andere verletzt.

Fehlende Selbstliebe:

Ein Mann, der immer wieder schlechte Erfahrungen in Beziehungen gemacht hat und verlassen wurde, kann im schlimmsten Fall einen Hass gegenüber Frauen entwickeln. Verletzungen haben eine tiefgreifende Wirkung auf das Verhalten eines Menschen. Hierdurch könnten falsche Glaubenssätze entstehen. Die Ablehnung könnte ihm das Gefühl geben, ***nicht genug zu sein***, oder er könnte das Bedürfnis entwickeln, sich gegen andere zu *verteidigen* oder sich *selbst beweisen* zu müssen.

In Wahrheit weiß derjenige nicht, wie er mit der Enttäuschung umgehen soll. Es hat bei ihm eine tiefe emotionale Wunde hinterlassen, die er jetzt durch Wut und Rachegefühle gegenüber Frauen ausdrückt. Er meint, dass er sich durch das Unterdrücken oder Beherrschen anderer „erheben" könnte. Außerdem beginnt er, sie womöglich als minderwertige Geschöpfe anzusehen.

Wenn sich dieser Mann nun zu sehr darauf fokussiert oder sich in etwas hineinsteigert, würde es seine negative Schwingung und seinen Zorn nochmals verstärken, was zu destruktiven und gefährlichen Handlungen führen könnte. Im schlimmsten Fall sogar zu einem Kontrollverlust oder Mord.

Sein Verhalten ist ein Zeichen für **ungelöste Konflikte** und zeigt einen **Mangel an Selbstliebe** auf. Denn wenn ein Mensch seinen Wert kennt, kann ihn eine Trennung oder Ablehnung nicht derart aus der Bahn werfen. Das wiederum zeigt, wie wichtig es ist, Selbstliebe in sich zu tragen.

*

Was kann man tun?

1. Sich mit dem wahren Selbst verbinden:
Wenn wir uns wieder mit unserem *wahren Selbst* verbinden, beginnen viele negative Emotionen und destruktive Handlungen zu verblassen.

Stell dir vor, du befindest dich in einem Konflikt mit jemandem, den du liebst. Wenn du aus deinem Ego heraus reagierst, kannst du verletzt, wütend oder defensiv werden. Du siehst den anderen vielleicht als „Feind" oder als „Gegner" und versuchst, deinen Standpunkt um jeden Preis durchzusetzen.

Doch wenn du dich mit deinem **wahren Selbst** verbindest, erlangst du eine andere Perspektive. Du erkennst, dass der andere Mensch ebenfalls seine *eigenen* Ängste, Unsicherheiten und Herausforderungen hat. Du beginnst zu verstehen, dass der Konflikt nicht darum geht, „zu gewinnen" oder „recht zu haben", sondern eine Lösung zu finden, die beide Seiten respektiert und einbezieht.

Dein *wahres Selbst* reagiert aus Mitgefühl, Geduld und Verständnis – *nicht* aus dem Bedürfnis nach Kontrolle oder Recht. Diese Verbindung zu deinem inneren Selbst ermöglicht es dir, den Konflikt auf einer tieferen Ebene zu lösen, auf der beide Parteien miteinander wachsen können. Es wird nicht nur um das „Gewinnen" gehen, sondern um eine harmonische und respektvolle Lösung, die Raum für Heilung und gemeinsames Wachstum schafft.

2. Auf Gewalt mit Liebe antworten:

Liebe als Antwort auf Gewalt bedeutet mehr, als nur das Aufgeben von Rache oder Vergeltung. Sie bedeutet, ein tiefes Verständnis und Empathie in die Situation zu bringen und zu erkennen, dass jeder Mensch, der Gewalt ausübt, oft mit eigenen inneren Schmerzen, Traumata und ungelösten Konflikten kämpft.

In Momenten der Gewalt oder Aggression können wir uns bewusst machen, dass der Täter möglicherweise nicht nur aus einer verletzten oder überforderten Position handelt, sondern dass hinter seinen Handlungen tiefsitzende Wunden und ungelöste Ängste stehen. Diese Erkenntnis lässt uns die Menschlichkeit des anderen erkennen und öffnet den Raum für eine transformative Antwort.

Das bedeutet nicht, Gewalt zu entschuldigen oder zu tolerieren, sondern vielmehr, dass wir mit einer Haltung der Heilung und des Mitgefühls auf diese destruktiven Handlungen reagieren. Durch Liebe und Verständnis können wir dazu beitragen, den Teufelskreis von Gewalt zu durchbrechen und eine Atmosphäre der Heilung zu schaffen.

Liebe als Antwort bedeutet, sich nicht von der Wut oder dem Schmerz des anderen anstecken zu lassen, sondern als Quelle der Ruhe und des Verständnisses zu wirken. Es ist eine Einladung, den

Kreislauf der Verletzung zu durchbrechen und eine tiefere Verbindung zwischen den Menschen zu fördern.

WENN DIE WAHRNEHMUNG KIPPT

Manche Taten erschüttern uns bis ins Mark. Ein Mensch tötet sein *eigenes* Kind – nicht aus Hass, sondern aus dem Glauben, es retten zu müssen. **Wie ist das möglich?**

Solche Taten sind nicht einfach „böse". Sie entspringen oft einer tief **verzerrten Wahrnehmung** der Realität. Und diese Wahrnehmung – so erschreckend sie auch sein mag – fühlt sich für die betroffene Person vollkommen echt an.

Was ist eine verzerrte Wahrnehmung?

Wir alle sehen die Welt durch unsere **inneren Filter** – durch Erlebnisse, Emotionen, Glaubenssätze und unbewusste Prägungen. Diese Filter formen, wie wir die Realität deuten. Wenn Angst, Trauma, Manipulation oder spirituelle Ideologien diesen Filter verzerren, beginnt eine Spirale, die das eigene Weltbild gefährlich kippen lässt. Das heißt man sieht die Realität nicht mehr so, wie sie wirklich ist.

Spiritualität – Licht oder Flucht?

Viele Menschen finden in Spiritualität Heilung und Hoffnung. Sie erkennen sich als Seele, entdecken Meditation, Energiearbeit, Achtsamkeit. Doch was, wenn auch Spiritualität zur Projektionsfläche für **Angst** wird?

In manchen spirituellen Kreisen ist die Rede von *dunklen Kräften*, *energetischen Angriffen, dämonischen Besetzungen* und *unlichten Energien*, die Menschen schwächen oder manipulieren. Man könne sich mit Kristallen, Lichtmeditationen und durchs Räuchern der Wohnräume mit Salbei schützen.

Aber solche Erzählungen und Aussagen können auch gefährlich werden – wenn sie *Angst* schüren statt Heilung bringen. Das zeigt sich auch in Lisa Geschichte...

Die Geschichte von Lisa:

Lisa ist eine junge gesunde Frau, neugierig und voller Fragen an das Leben. Als sie beginnt, sich mit Spiritualität zu beschäftigen, öffnet sich eine neue Welt für sie. Sie liest Bücher über Reinkarnation, Bewusstseinsfelder, Licht und Schatten. Alles scheint plötzlich einen Sinn zu ergeben. Nichts ist mehr Zufall – alles ist geführt, energetisch, verbunden.

Eines Tages stößt sie auf eine Theorie: „Es gibt Wesen *ohne Seele*. Dunkle Felder, die sich inkarnieren. Sie sehen aus wie du und ich und leben mitten unter uns – besonders in Machtpositionen."

Hm... das würde das Böse auf der Welt erklären, denkt Lisa. Warum sonst geschieht so viel Leid, so viel Kälte? Nicht alles sei mit Logik erklärbar. Auch das, was nach dem Tod kommt, entzieht sich dem Verstand. Das Leben sei ein Mysterium – das fühle sie deutlich. Und: „Wenn Bücher über solche Themen sogar in großen Verlagen erscheinen, dann muss da doch etwas Wahres dran sein", denkt sie.

Bei einem Seelenreading, wobei ein Medium Informationen von ihrer Seele empfängt, erfährt sie: In einem früheren Leben habe ihr jetziger Freund sie umgebracht. Aus Neid.

Lisa beginnt, sein Verhalten mit anderen Augen zu sehen. Auch in diesem Leben ist er manchmal eifersüchtig und kontrollierend. Die Angst wächst. Misstrauen breitet sich in ihr aus. Kann ich ihm noch trauen? Oder wiederholt sich gerade etwas, das schon einmal geschehen ist?

Sie beginnt zu zweifeln – aber **nicht an der Theorie**. Denn: „Diese Menschen, die solche Sitzungen anbieten, haben Hellsinne. Mehr Wissen! Mehr Zugang zu höheren Ebenen."

Lisa glaubt. Sie vertraut. Aber nicht sich selbst. Sondern **äußeren Quellen**, Stimmen, Systemen, die behaupten, „mehr zu wissen". Sie fragt nicht nach – sie übernimmt. Und verliert dabei den Bezug zur eigenen Intuition.

Dann liest sie: Friedhöfe seien Orte dunkler Energie. Beim nächsten Besuch spürt sie plötzlich Druck auf der Brust, bekommt kaum Luft. Panik. „Das ist der Beweis!" Sie schwört sich, nie wieder dorthin zu gehen. Früher hätte sie solche Symptome vielleicht als Stress oder Kreislauf erklärt. Heute ist sie sicher: „Ich werde energetisch angegriffen." Sie glaubt, es am Körper spüren zu können. Müdigkeit, Leere, Erschöpfung – alles Zeichen dunkler Kräfte, die auf sie wirken.

In spirituellen Foren liest sie: „Je weiter du im Erwachen bist, desto stärker die Angriffe." Das bestätigt sie – und ängstigt sie zugleich. Sie beginnt, ihre Wohnung regelmäßig energetisch zu reinigen. Man solle vorsichtig sein – **unlichte Energien** würden sich im Staub sammeln. Der Staubsaugerbeutel wird zur Bedrohung und sie entwickelt einen Putz-Wahn.

Lisa zieht sich zurück. Nachrichten glaubt sie nicht mehr. Institutionen auch nicht. Selbst enge Freunde wirken „komisch", „unecht". Sie stößt auf Verschwörungstheorien, liest von dämonischen Eliten, Symbolen, dunklen Ritualen. Ihr Blick auf die Welt verändert sich.

„Das System lügt."
„Das Böse ist überall."
„Sie manipulieren uns."
„Dämonen sind echt!"

Lisa hat sich unbewusst ein *mentales Gefängnis* gebaut. Ihre Wahrnehmung hat sich verschoben. Was sie fühlt, ist real. Was sie denkt, ist für sie logisch – aus ihrer Sicht.

Doch von außen betrachtet hat sie sich *verirrt*. Der feine Grat zwischen *Spiritualität und Wahnsinn* – sie hat ihn überschritten, ohne es zu merken.

So, wie ein Mensch mit Magersucht in den Spiegel schaut und sich trotz Untergewicht noch zu dick sieht, so erlebt auch Lisa eine *verzerrte Realität*. Nur dass ihr Spiegel kein Glas ist – sondern ihr eigenes Bewusstsein.

Irgendwann ist der Druck zu groß. Die Angst zu laut. Die Einsamkeit zu stark. Lisa sucht Hilfe – beim Psychologen. Was Lisa erlebt, ist psychologisch als beginnender *paranoider Wahn* zu beschreiben. Doch das Wort „Wahn" wird der inneren Realität dieser Menschen oft nicht gerecht. Denn sie fühlen tatsächlich, was sie glauben.

Manche Menschen geraten so tief in diesen Zustand, dass sie beginnen, gegen das „Böse" zu kämpfen – *im Außen.* Ein Kind erscheint dann nicht mehr als unschuldig, sondern als besetzt, als fremd, als gefährdetes Lichtwesen, das man befreien muss. Und aus dieser verzerrten Wahrnehmung heraus können tragische Handlungen entstehen – aus Angst, nicht aus Böswilligkeit.

*

Wie im Innen, so im Außen:

Wir sollten uns bewusst machen, dass das Innere sich im Außen spiegeln kann. Feste Glaubenssätze, besonders wenn sie unbewusst wirken, haben das Potenzial, sich in unserer äußeren Realität zu manifestieren, denn unsere Wahrnehmung der Welt ist eng mit unserem *inneren Erleben* verbunden. Gedanken, Überzeugungen und Gefühle formen *unser Bild von der Realität.* Wenn diese inneren Anteile unausgeglichen oder von Angst geprägt sind, kann sich die äußere Welt verzerrt anfühlen – fremd, bedrohlich oder sogar unwirklich. Sei es in Form von Misstrauen, Verfolgungsideen oder sogar dämonischen Gestalten. Verzerrte Wahrnehmung ist von daher *ein Spiegel innerer Zustände.*

Eine andere Sichtweise – das Bewusstseinshaus und der Projektor deiner Wahrnehmung

Um dir das, worüber ich spreche, noch bildhafter zu erklären, möchte ich dir eine ergänzende Theorie an die Hand geben – ein Modell, das dir helfen kann, bestimmte Zusammenhänge besser zu verstehen. Denn meiner Meinung nach kann jeder Mensch in eine verzerrte Wahrnehmung geraten – nicht nur „die anderen".

Man sieht es sehr deutlich bei Themen wie Essstörungen: Ein Mensch kann objektiv wunderschön aussehen – äußerlich gesund, attraktiv, vielleicht sogar wie ein Model – und trotzdem denken: „Ich bin zu dick. Ich bin nicht schön genug." Als Außenstehender fragt man sich oft: „Was stimmt denn nicht mit dir? Du bist doch perfekt!"

Was hier geschieht, ist eine Verzerrung der Wahrnehmung – ausgelöst durch tiefsitzende Glaubenssätze. Und genau hier setzt das Modell des Bewusstseinshauses an:

Stell dir deine Psyche wie ein Haus vor. In diesem Haus ist alles enthalten, was dein inneres Erleben prägt: Deine Prägungen, Kindheitserfahrungen, inneren Stimmen, Emotionen, Gedankenmuster – und ganz besonders deine Glaubenssätze.

In diesem Haus steht ein Projektor. Und dieser Projektor strahlt deine inneren Überzeugungen nach außen – auf die Leinwand des Lebens. Je nachdem, welchen „Film" du einlegst, wirst du genau das auch im Außen erleben.

Wenn du z. B. den Film einlegst:
„Ich bin nicht gut genug. Ich bin hässlich. Ich bin wertlos. "
– dann wird dir genau das im Außen immer wieder gespiegelt. Nicht, weil es objektiv wahr ist – sondern weil deine innere Überzeugung genau dieses Bild erzeugt.

Wie zeigt sich das im Alltag?

Ein einfaches Beispiel: Du gehst an einer Gruppe Menschen vorbei – sie schauen in deine Richtung, vielleicht lächeln sie, vielleicht flüstern sie etwas.

Sofort beginnt dein innerer Dialog:

„Oh Gott, sie reden über mich."

„Bestimmt lästern sie über mein Aussehen."

„Ich sehe bestimmt wieder aus wie ein dicker Wal."

„Wie peinlich – warum habe ich nur diese Jacke angezogen?"

Dein Gedankenkarussell fängt an, sich zu drehen – und ehe du dich versiehst, bist du mittendrin in einer Interpretation, die dich klein-macht, verunsichert und dich von dir selbst entfernt.

Aber:

Vielleicht war die Realität eine ganz andere.

Vielleicht hat eine Person in der Gruppe gesagt:

„Schau mal, die Frau hat eine wunderschöne Jacke –
so eine will ich mir auch kaufen!"

Doch dein inneres System hat eine andere Geschichte daraus ge-macht – eine Geschichte, die auf deinen Glaubenssätzen basiert. Du projizierst deine eigene Unsicherheit, deinen inneren Kritiker, deine alten Erfahrungen nach außen – und deutest die Situation entsprechend.

Das ist kein Vorwurf, sondern ein liebevoller Hinweis: Wenn du merkst, dass du dich ständig missverstanden, kritisiert oder abge-lehnt fühlst, lohnt es sich, nach innen zu schauen. ***Was glaubst du über dich?***

Welche „Filme" laufen in deinem inneren Projektor? Denn oft liegt die Ursache nicht im Verhalten der anderen, sondern in der Bedeu-tung, die wir selbst dem Geschehen geben. Und diese Bedeutung entsteht aus dem, was in uns gespeichert ist.

Beginne bei dir.
Selbstreflexion und achtsames Hinschauen können uns helfen,
wieder klarer zu sehen – im Innen wie im Außen.

Es wäre auch wünschenswert, dieses Thema schon in der Schule
aufzugreifen – denn es unterstreicht, wie wichtig Aufklärung, aber
auch psychologische Anlaufstellen für junge Menschen sind.

VERGEBUNG IST HEILUNG

Lisa ist in eine Sackgasse geraten. Sie hat sich verirrt, den Boden unter den Füßen verloren. Aber das bedeutet nicht, dass alles verloren ist.

Sie darf sich selbst vergeben –
dafür, dass sie so *leichtgläubig* war.
Dafür, dass sie den *falschen Weg* gewählt hat.
Dafür, dass sie sich *selbst in ihrem Vertrauen getäuscht* hat.
Denn genau das ist **menschlich.**

Viele Menschen haben Schwierigkeiten, sich selbst zu vergeben, wenn sie Fehler gemacht haben. Doch es ist entscheidend, sich daran zu erinnern, dass wir alle Menschen sind und *Fehler Teil des Lebens sind.* Selbstvergebung bedeutet, uns selbst mit Mitgefühl zu begegnen und uns nicht länger von unserer Vergangenheit definieren zu lassen. Es ist der Weg, uns selbst zu heilen und in die Zukunft zu blicken, *ohne von Schuldgefühlen und Bedauern* belastet zu sein.

Wir dürfen auch anderen vergeben...

Vergebung ist eine der kraftvollsten Heilmethoden, die wir praktizieren können. Sie ist der Weg, auf dem wir loslassen, heilen und unseren Frieden wiederfinden können. Doch für viele von uns fällt es schwer, diese Praxis umzusetzen. Wir tragen oft den Ballast von Wut, Enttäuschung und schmerzhaften Erfahrungen mit uns. Vergebung jedoch ist der Schlüssel, um uns von dieser Last *zu befreien.*

Zunächst einmal bedeutet Vergebung nicht, das Verhalten anderer zu entschuldigen oder zu rechtfertigen. Es geht vielmehr darum, den eigenen emotionalen Schmerz loszulassen und nicht mehr von der Vergangenheit kontrolliert zu werden.

Viele Menschen finden Vergebung schwer, weil sie mit einer Vielzahl von Missverständnissen und Ängsten konfrontiert sind. Ein häufiger Gedanke ist, dass Vergebung bedeutet, *Schwäche* zu zeigen oder das Verhalten der anderen Person zu akzeptieren. Doch das ist nicht der Fall. Vergebung ist in Wahrheit *ein Akt der Stärke und des Mutes.* Sie verlangt von uns, Verantwortung für unser eigenes Wohlbefinden zu übernehmen und uns nicht länger von negativen Gefühlen oder beeinflussen zu lassen.

Ein weiterer Grund, warum Vergebung so schwerfällt, ist *der Stolz.* Wir fühlen uns oft im Recht. Doch in Wirklichkeit hält uns dieser Groll gefangen und hindert uns daran, voranzukommen. Es ist wichtig zu verstehen, dass Vergebung nicht bedeutet, zu vergessen, sondern dass sie uns die Freiheit gibt, wieder in Frieden zu leben.

Ein Beispiel für Vergebung:

Manchmal im Leben kommt es zu einem Streit mit einem Menschen, der uns sehr nahe stand – ein guter Freund, ein Bruder, jemand aus der Familie. Aus einer Verletzung entsteht ein Bruch. Man verliert den Kontakt. Worte bleiben unausgesprochen, und das Herz bleibt verschlossen. Es folgt der Rückzug, manchmal über Jahre. Und wir glauben, wir könnten diesem Menschen nicht vergeben.

Doch vielleicht braucht es in solchen Momenten nur eines: einen veränderten Blickwinkel. Denn vielleicht – so sagen es manche –

sind wir nicht zufällig hier. Vielleicht sind wir gekommen, um zu lernen. Und vielleicht war genau diese Situation, dieser Schmerz, diese Trennung *eine Lektion*, die dir gestellt wurde. Eine Gelegenheit, *Vergebung zu lernen*. Nicht nur für dich – sondern auch für dein Gegenüber.

Erinnere dich: Du bist nicht einfach dieser Mensch mit all seinen Verletzungen. In Wahrheit bist du ein *Funke Gottes*. Reine Liebe.

Liebe erkennt, dass ein Mensch manchmal vom Weg abkommt. Vielleicht wusste er es in diesem Moment einfach nicht besser oder sein wahres Selbst war so sehr von äußeren Schichten, von Prägungen, von Schutzmechanismen überlagert, dass er sich nicht mehr erinnern konnte, wer er wirklich ist.

Aber du darfst dich erinnern. Du darfst in die Tiefe deines Herzens spüren – dorthin, wo Licht und Klarheit wohnen. Und von dort aus darfst du vergeben. Du darfst den Schmerz, den Groll, die Last loslassen, weil sie dich nicht mehr definieren müssen.

Gott ist in dir – nicht irgendwo außerhalb. *Und so, wie Gott vergeben würde, darfst auch du vergeben.* Nicht, um das Geschehene ungeschehen zu machen – sondern um heil zu werden. Um dich selbst wieder ganz zu fühlen, denn Vergebung ist ein Akt der Erinnerung: an das, was du in Wahrheit bist. Und an das, was wir alle in Wahrheit sind.

Dankbarkeit inmitten des Schmerzes:

Vielleicht gab es einmal *diesen einen Menschen* in deinem Leben, mit dem du viele wunderbare Momente geteilt hast, doch im Laufe der Zeit kam es zum Bruch, zu Verletzungen, zu Worten, die euch trennten.

Du darfst dich an die *schönen Momente* mit diesem Menschen erinnern. An das, was euch einst verbunden hat – das gemeinsame Lachen, das Vertrauen, das stille Verstehen. Diese Erinnerungen sind real. Sie sind nicht verloren. Sie bleiben in deinem Herzen – und du wirst sie mitnehmen, auch über dieses Leben hinaus.

Denn spätestens im Jenseits wirst du Heilung erfahren. Spätestens dort wirst du erkennen, warum dieser Mensch so gehandelt hat, wie er es tat. Du wirst die Muster, die Ängste, die Prägungen sehen, die ihn geleitet haben. Und du wirst Mitgefühl empfinden.

Aber warum bis dahin warten? Wie ich bereits in meinem Buch beschrieben habe: Auf das Negative, auf das scheinbar Böse, sollten wir *mit Liebe* reagieren. Vielleicht möchtest du den ersten Schritt machen – nicht, weil du musst, sondern weil du frei sein willst. Vielleicht schreibst du diesem Menschen eines Tages eine Karte. Kein großes Versöhnungsangebot. Einfach ein stilles „Danke" – für die gemeinsamen Jahre, für die schönen Momente, für das, was einmal war. Und ja – ein Teil in dir mag jetzt aufbegehren: „Wie bitte? Ich soll ihm oder ihr schreiben? Nach allem, was war? Der hat das doch gar nicht verdient!" *Aber das ist dein Ego, das spricht.*

Erinnere dich: Du bist Licht. Du bist Liebe. In Wahrheit seid ihr eins. Ihr stammt aus derselben Quelle. Ihr habt hier auf Erden *Rollen übernommen*, euch Aufgaben gestellt, Lektionen gewählt. Ihr wart füreinander *Spiegel und Lehrer*. Und vielleicht war diese Trennung – so schmerzhaft sie war – genau das, was dich zur Erkenntnis führen sollte.

DIE SUCHE NACH WAHRHEIT

Wir leben in einer Welt, die von den Prägungen unserer Umgebung durchzogen ist. Unsere Überzeugungen, unsere Sicht auf das Leben, das Universum und unsere Beziehungen werden oft nicht nur durch *persönliche Erfahrungen* oder *tiefe Überlegungen* geformt, sondern auch durch das, was uns **beigebracht** wurde. Wir werden von klein auf in bestimmte Weltbilder, Glaubenssysteme und Werte hineingeboren, die unsere Wahrnehmung der Realität maßgeblich beeinflussen. Familie, Kultur, Religion und Gesellschaft wirken als unsichtbare Hände, die uns in eine Richtung lenken – eine Richtung, die sich oftmals als schmal und eingeschränkt herausstellt.

Doch die Suche nach Wahrheit fordert uns dazu auf, diese Prägungen *zu hinterfragen*. Wenn wir wirklich nach der **universalen Wahrheit** streben, müssen wir uns von den Fesseln dieser konditionierten Sichtweisen befreien. Wir müssen uns von Dogmen und festen Weltbildern lösen, die uns oft nur eine einseitige Perspektive auf das Leben bieten. Der Weg zur Wahrheit verlangt von uns *Neutralität* – einen offenen Geist und ein Herz, das bereit ist, zu verstehen und nicht nur zu urteilen.

Dies ist jedoch keine einfache Aufgabe. Deshalb scheitern so viele daran. Denn die menschliche Natur neigt dazu, sich in bekannten Konzepten und Ideen zu verkriechen. Das Verlassen der Komfortzone des Bekannten erfordert Mut und auch eine Portion Logik. Nur so können wir uns auf die Reise machen, um die wahre Essenz der Dinge zu entdecken.

*

Die Suche nach Wahrheit:

Die Suche nach Wahrheit ist auch kein einfacher Weg. Sie führt oft
zu einem Punkt, an dem man verwirrt und erschöpft ist. Man hat
unzählige Bücher gelesen, Philosophen, Gurus und spirituelle
Lehrer konsultiert, und doch bleibt die Wahrheit ein Rätsel. Jeder
scheint eine andere Antwort zu haben, und manchmal fühlt es sich
an, als ob die Welt in einem unaufhörlichen Wirrwarr von widersprüchlichen Überzeugungen gefangen ist. Was ist wahr? Was ist
Illusion? Warum glauben alle Menschen an verschiedene Dinge,
und warum müssen diese Überzeugungen so stark verteidigt werden?

Doch, wenn man genauer hinschaut, fällt einem etwas auf...

Es gab in der Geschichte der Menschheit immer wieder Momente,
in denen sich das Bewusstsein kollektiv zu verändern begann. Solche Zeiten wurden oft von **besonderen Menschen** begleitet – von
spirituellen Lehrern, die wie Wegweiser auftraten. Namen wie Jesus, Buddha, Krishna und andere spiritueller Führer stehen nicht nur
für religiöse Figuren, sondern für *eine tiefere Botschaft*, die über
alle Konfessionen, Kulturen und Zeiten hinausreicht: *die Liebe.*

Diese Lehrer sprachen von einer universellen Kraft, die alles
durchdringt – einer Liebe, die frei ist von Bedingungen, von Urteil
und Trennung. Sie lehrten Mitgefühl, Vergebung, Einheit, Bewusstsein und inneren Frieden. Ihre Worte erinnerten den Menschen daran, wer er in Wahrheit ist – nicht getrennt vom Göttlichen, sondern
ein Ausdruck davon.

Doch was geschah mit diesen Lehren?

Mit der Zeit wurden die ursprünglichen Botschaften überliefert, niedergeschrieben, übersetzt – und immer wieder neu interpretiert. So wie bei dem Kinderspiel „Stille Post", bei dem eine Nachricht von Ohr zu Ohr weitergegeben wird, bis sie am Ende kaum noch dem Ursprung gleicht, geschah auch mit diesen heiligen Lehren etwas Ähnliches.

Was einst eine klare und einfache ***Botschaft der Liebe*** war, wurde mit jedem neuen Manuskript, jeder Übersetzung, jeder kulturellen Anpassung komplexer – und leider auch oft ***verfälscht.***

Dogmen entstanden und Machtstrukturen formierten sich:
- ✓ Aus einer gelebten Wahrheit wurde eine ***Religion.***
- ✓ Aus innerer Erkenntnis wurde äußere ***Vorschrift.***
- ✓ Aus der Einladung zur Einheit wurde ***Trennung*** in „richtig" und „falsch", in „Gläubige" und „Ungläubige".

Die Essenz blieb, doch sie wurde verschüttet:

Die ursprüngliche Botschaft ist nicht verschwunden – sie liegt noch immer in den Schriften verborgen, zwischen den Zeilen, in den Herzen der Menschen, die sie tief verstehen. Doch sie wurde verschüttet unter Schichten von Interpretation, Kontrolle und Angst. Vieles, was heute im Namen von Religion geschieht, hätte weder Jesus noch Buddha so gewollt.

Denn ihre Lehren waren nie exklusiv. Sie sagten ***nicht:*** „Nur dieser Weg ist der richtige." Sie sagten: „Liebe deinen Nächsten. Erkenne dich selbst. Sei still und wisse: Ich bin."

Was all die großen Lehrer in unterschiedlicher Sprache, doch mit der gleichen Frequenz, vermittelten: *Liebe ist der Schlüssel. Und sie beginnt in dir.*

Doch wahre Erkenntnis, wirkliche Wahrheit, findest du nicht im Lärm der Welt. Sie liegt still in *deinem Inneren.* Tief unter den Schichten von Prägungen, Glaubenssätzen und gesellschaftlichen Vorstellungen wartet eine Weisheit, die du nie verloren hast – du hast nur verlernt, ihr zuzuhören.

Jesus sagte: *„Das Reich Gottes ist inwendig in euch."*

Buddha lehrte: *„Sei dir selbst ein Licht."*

Und all die großen Lehrer, ob bekannt oder namenlos, ob im Osten oder Westen, erinnerten uns an dasselbe: *Suche nicht im Außen, denn in deinem Inneren liegt der Schlüssel zur Wahrheit.*

Diese Reise nach Innen erfordert Mut, Loslassen, Selbsterkenntnis – aber sie führt zu etwas Echtem. Zu einer Wahrheit, die nicht erklärt, sondern *erfahren* wird. Zu einer Liebe, die nicht argumentiert, sondern heilt. Und vielleicht ist es genau diese stille Wahrheit in dir, die *jetzt* gehört werden will.

*

Hierzu möchte ich dir gerne eine *kurze Geschichte* erzählen...

„Das verborgene Geheimnis"

Es war einmal ein junger Reisender, der auf der Suche nach den *tiefsten* Antworten des Lebens war. Er hatte viele Städte besucht, unzählige Tempel und heilige Orte aufgesucht, immer in der Hoffnung, die Wahrheit über sich selbst und das Leben zu entdecken. Doch trotz all seiner Reisen und Entdeckungen fühlte er sich leer. Die Antworten, nach denen er suchte, schienen nie vollständig zu sein.

Eines Tages, während er auf einem seiner langen Reisen in einem abgelegenen Dorf rastete, traf er einen alten Mann. Der Mann saß ruhig unter einem Baum, umgeben von der Stille des Waldes. Der Reisende, hungrig nach Wissen, näherte sich ihm und fragte: „Weiser Mann, ich habe viele Orte besucht, viele Bücher gelesen und viele Menschen befragt, aber ich finde die Antworten, nach denen ich suche, nicht. Wo soll ich suchen, um endlich die Wahrheit zu finden?"

Der alte Mann lächelte sanft und schaute dem Reisenden tief in die Augen. „Du suchst an den falschen Orten", sagte er ruhig. „Die Antworten, die du suchst, sind nicht in den Gebäuden der Welt oder in den äußeren Dingen zu finden. Du kannst sie nicht in Tempeln, Kirchen oder Büchern finden.

Der Reisende blickte verwirrt auf den alten Mann und fragte: „Wie meinst du das?"

Der alte Mann blickte auf den Boden und begann dann, langsam zu sprechen: „Stell dir vor, du hast ein wertvolles Geheimnis, das du verstecken musst. Ein Geheimnis so wertvoll, dass du es nicht in einem gewöhnlichen Versteck aufbewahren würdest. Wo würdest du es verstecken?"

Der Reisende dachte nach, dann antwortete er: „Ich würde es an einem Ort verstecken, an dem niemand es finden kann. An einem Ort, der so tief und verborgen ist, dass niemand darauf kommt, dort zu suchen."

Der alte Mann nickte und sagte: „Und genau da ist das Geheimnis. Es ist *in dir*, an dem sichersten Ort von allen. Die Antworten, nach denen du suchst, die Wahrheit über das Leben und deine Existenz, sind *nicht außerhalb* von dir. Sie sind in *deinem Inneren*, an einem Ort, den nur du allein entdecken kannst. Du musst in die Stille deines eigenen Herzens eintauchen und zuhören, was deine innere Weisheit dir zuflüstert."

Der Reisende war still. Er hatte nie wirklich in sich selbst hineingehört. Alles, was er jemals gesucht hatte, war immer im Außen gewesen – in den Meinungen anderer, in den Lehren und Traditionen der Welt. Doch nun erkannte er, dass die wahre Reise, die er unternehmen musste, nicht nach außen, sondern nach innen führte.

*

In deinem Inneren findest du dich!

In der Stille deines Herzens, im Raum jenseits von Gedanken und Äußerlichkeiten, wirst du *dich* entdecken. Das, was du suchst, war immer schon da. Du musst nicht reisen, nicht suchen. Es ist in dir, verborgen, aber immer präsent.

„Ich bin…"

Das ist der tiefste Ausdruck deines Seins. „Ich bin" – ein einfaches, aber kraftvolles Statement. Es ist nicht das Ergebnis von Gedanken oder Analysen, sondern das Gefühl des *reinen Seins*. Es ist der Zustand, in dem du einfach existierst, ohne zu definieren, ohne zu bewerten, ohne zu streben. Es ist die Essenz dessen, wer du wirklich bist.

Das ist genug!

Du musst nicht mehr suchen, du musst nicht nach mehr streben. „Ich bin" ist alles, was du brauchst. Es ist der Ausdruck deiner wahren Natur, der Funke Gottes, der in dir wohnt.

Das ist das Licht in dir!

DAS ERWACHEN DES ERWEITERTEN BEWUSSTSEINS

Was bedeutet es wirklich, dieses wahre Selbst gefunden zu haben?

Es heißt, sich bewusst werden: Zu erkennen, was immer schon da ist. Nicht etwas Neues erfahren, sondern das Alte durchschauen. Das wahre Selbst ist nicht etwas, das man erschafft, sondern etwas, das man entdeckt – Schicht für Schicht, bis nur noch *reines Sein* bleibt.

Wie es spirituelle Lehrer oft beschreiben: Es ist nicht spektakulär. Kein Lichtblitz, kein ekstatischer Zustand ist nötig. Es ist mehr ein sanftes, unumstößliches Wissen im Hintergrund: „Ich bin. Und ich war es schon immer."

Und genau in diesem Moment, in dem die Illusion des Getrenntseins durchschaut wird, geschieht die *Bewusstseinserweiterung.*

Bewusstseinserweiterung:

Das klingt für viele erstmal abstrakt, fast mystisch. Es ist eine Veränderung der Perspektive, eine radikale Erweiterung unseres inneren Sehens.

Stell dir vor, du stehst in einem tiefen Tal, umgeben von Hügeln und Bäumen. Deine Sicht ist begrenzt. Du erkennst nur, was direkt vor dir liegt. So leben viele Menschen ihr Leben: im Tal der alltäglichen Gedanken, Gefühle und Gewohnheiten.

Jetzt kletterst du auf einen hohen Berg. Der Aufstieg ist anstrengend, aber oben angekommen, öffnet sich ein völlig neues Panorama. Du siehst das ganze Tal von oben, die Flüsse, die Wälder, die Dörfer. Du erkennst Zusammenhänge, die vorher verborgen waren. Plötzlich verstehst du, wie alles miteinander verbunden ist – der Blick wird klarer, weiter, tiefer.

Diese Erfahrung ist eine Metapher für *Bewusstseinserweiterung*. Es ist ein Wechsel vom engen Talblick zum weiten Bergblick. Dabei ändert sich nicht nur, was du siehst, sondern auch, wie du es siehst. Du wirst weniger von deinen Gedanken und Gefühlen vereinnahmt, sondern kannst sie aus einer größeren Distanz beobachten. Du beginnst, die Welt mit anderen Augen zu sehen.

Man kann Bewusstseinserweiterung auch mit einer *Taschenlampe* vergleichen. Wenn du im Dunkeln bist, siehst du nur das, was dein Lichtschein trifft. Ist das Licht klein und schwach, bleibt vieles im Dunkeln verborgen. Wenn du das Licht aber größer und heller machst, werden immer mehr Details sichtbar. Du erkennst neue Wege, Gefahren oder Schönheiten, die du vorher nicht bemerkt hast.

So ist es auch mit deinem *inneren Licht*, deinem göttlichen Funken – jenem Funken, der in jedem von uns lebt. Dieses innere Licht ist das Bewusstsein selbst. Es ist die Quelle, aus der alles Leben und Erkennen entspringt.

Wenn du also dein *wahres Selbst* entdeckst, erkennst du, dass du nichts anderes bist als dieses reine Bewusstsein. Und wenn dein Bewusstsein sich erweitert, wächst dein inneres Licht, deine Taschenlampe wird heller. Dadurch kannst du mit einer *neuen Klarheit* denken, fühlen und handeln.

Du erkennst, dass das Leben nicht nur aus Ereignissen und Emotionen besteht, sondern aus einem tieferen Fluss, in dem alles miteinander verbunden ist.

*

Woran erkenne ich, dass ich mein wahres Selbst gefunden habe und sich mein Bewusstsein erweitert hat?

Innere Freiheit:
Du spürst eine tiefe Freiheit, die unabhängig von äußeren Umständen ist. Alte Gedankenmuster, Ängste oder äußere Erwartungen verlieren ihre Macht über dich.

Loslösung von Rollen und Geschichten:
Du erkennst, dass du *nicht* deine Rolle bist – *nicht* dein Beruf, *nicht* dein Name, *nicht* dein Lebenslauf. Du bist *nicht* das, was andere in dir sehen. Diese Erkenntnis befreit dich. Du musst dich nicht mehr beweisen – du darfst **einfach sein.**

Weniger Verurteilung, mehr Mitgefühl:
Du verstehst, wie der Mensch "tickt" – mit all seinen inneren Mustern, Ängsten und Wunden. Dadurch verurteilst du nicht mehr so leicht, sondern empfindest tiefes Mitgefühl, Verständnis und Empathie.

Unerschütterlicher innerer Frieden:
Inmitten von Chaos oder Unsicherheit bleibt ein Gefühl von Ruhe und Vertrauen in dir bestehen. Du wirst nicht mehr so leicht aus dem Gleichgewicht gebracht.

Reduktion im Außen – Tiefe im Inneren:
Du brauchst weniger, willst weniger, fühlst aber mehr. Das Leben wird leichter – nicht oberflächlicher, sondern stiller, weicher, wahrhaftiger.

Du suchst nicht mehr:
Die Suche endet. Vielleicht geschieht noch Neugier, noch Wachstum – aber das tiefe Suchen nach dir selbst hört auf. Denn du weißt jetzt: Was ich suche, bin ich.

Weniger Bedürfnis nach äußerer Bestätigung:
Dein Selbstwert hängt nicht mehr vom Urteil anderer ab. Du fühlst dich in dir selbst vollständig und angekommen.

Sinneswandel – neue Werte:
Dinge, die dir früher wichtig erschienen – Status, materieller Erfolg, Anerkennung – verlieren an Bedeutung. Du sehnst dich nach Tiefe, Echtheit und Wahrheit.

Spüren des göttlichen Funkens, der Liebe:
Du erkennst, dass du im Kern Liebe bist – reines Bewusstsein, Ausdruck des göttlichen Lichts in dir. Dieses innere Leuchten trägt dich.

Verändertes Gottesbild:
Du begreifst, dass es keinen strafenden Gott geben kann. Alles, was ist, gründet in bedingungsloser göttlicher Liebe – und diese Liebe wird erfahrbar in deinem Inneren.

Präsenz im Hier und Jetzt:
Du bist mehr im gegenwärtigen Moment verankert. Grübeln über Vergangenes oder Sorgen über die Zukunft treten in den Hintergrund. Dein Geist wird stiller, deine Wahrnehmung klarer.

Achtsamkeit für die kleinen Wunder:
Du nimmst die Schönheit der Erde bewusster wahr – den Himmel, das Licht, eine Blume, ein Lächeln. Du brauchst keine großen Erlebnisse mehr, um erfüllt zu sein. Du bist einfach dankbar – für das, was ist.

Angstfreiheit, besonders gegenüber dem Tod:
Die Angst vor dem Tod schwindet, weil du erkennst, dass dein Bewusstsein über das Körperliche hinausgeht. Du fühlst Vertrauen in das Leben – und das, was danach kommt.

Mehr Gelassenheit im Alltag:
Du reagierst weniger impulsiv, bist geduldiger, liebevoller – mit dir selbst und anderen. Du akzeptierst mehr und kämpfst weniger gegen das Leben an.

Natürliches Bedürfnis zu helfen:
Du verspürst den Wunsch, anderen Menschen zu helfen – nicht aus Pflichtgefühl, sondern aus innerer Verbundenheit. Du erkennst: Wir sind alle Seelen auf dem Weg, und wenn du selbst einen guten Start hattest, wächst der Wunsch, jene zu unterstützen, die es schwerer hatten. Dieses Mitfühlen entsteht aus dem tiefen Wissen: Wir sind eins.

Plötzliche Erkenntnisse und tiefes Verstehen:
Dinge, die du früher nicht verstanden hast – Bücher, Gespräche, spirituelle Texte oder Lebenserfahrungen – entfalten plötzlich eine neue Tiefe. Du liest etwas, das dir früher unklar erschien, und plötzlich „macht es Sinn". Es ist, als würdest du mit einem neuen inneren Raum lesen – mit offenem Herzen und erweitertem Geist. Erkenntnisse tauchen spontan auf, nicht aus dem Verstand, sondern aus einem tieferen Wissen in dir.

Stärkere Intuition – Verbindung zum Höheren Selbst:
Deine innere Stimme wird klarer. Entscheidungen triffst du nicht
mehr allein aus dem Verstand, sondern aus einem tieferen Wissen
heraus. Manche nennen es die Führung des „Höheren Selbst" – ein
Gefühl von innerer Stimmigkeit, das dich sanft lenkt. Du fühlst, was
richtig ist, oft noch bevor du es logisch erklären könntest. Diese
Intuition wird zu einem natürlichen Kompass in deinem Leben.

Leises Erinnern an die Quelle:
Du spürst ein leises Erinnern, als würde deine Seele sich langsam
wieder verbinden mit dem, was sie nie wirklich verloren hat. In
dieser stillen Verbindung findest du Antworten – nicht durch Suchen, sondern durch Lauschen.

DIE ERINNERUNG AN DAS, WAS WIR SIND – LIEBE

Im Leben geht es um die Liebe:
- ✓ Darum, sie zu *finden.*
- ✓ Darum, sie zu *leben.*
- ✓ Darum, sie zu geben.
- ✓ Darum, sie zu *sein.*

Von klein auf lernen wir:
- ✓ Liebe bedeutet, *mit jemandem zu sein.*
- ✓ Einen *Partner* zu haben.
- ✓ Eine *Familie* zu gründen.
- ✓ Ein *Zuhause* zu teilen.

Aber was, wenn du keine Kinder hast? Oder alleine lebst? Geschieden bist? Bist du in dem Fall gescheitert, wenn es im Leben um die Liebe geht? Nein! Keineswegs.

Denn...
„Ich muss keine Liebe suchen – ich bin Liebe."
Diese Worte kommen nicht aus Stolz oder Trotz. Sie kommen aus einem *inneren* Erkennen. Aus einem *Erinnern.*

Meine Essenz ist Liebe. Ich bin Liebe!
Tief unter all den Schichten – aus Konditionierungen, Rollenbildern, Erwartungen – liegt das, was ich wirklich bin: reine, freie, unendliche Liebe.

Die falsche Vorstellung von Liebe:
Liebe auf der Erde wird oft als etwas Bindendes gesehen. Sie

besteht zwischen Menschen, sie scheint von jemandem zu jemandem zu fließen. Partner. Kinder. Eltern. Freunde.

Wir erleben sie als ein Gefühl – manchmal euphorisch, manchmal schmerzhaft. Oft an Bedingungen geknüpft: an Nähe, an Verlässlichkeit und an Versprechen. ***Doch Liebe ist mehr als das!*** Viel mehr, denn Liebe ist ***kein*** Gefühl – sie ist ***ein Zustand.*** Ein inneres Erfüllt-Sein, das nicht abhängig ist von einem Außen. Nicht davon, ob jemand kommt oder bleibt oder den gesellschaftlichen Erwartungen entsprichst.

Diese Liebe – die du bist – kannst du wiederentdecken. Sie war nie weg. Sie wurde nur überlagert. Von Schmerz, von Glaubenssätzen, von all den Rollen, die du spielen musstest. Aber unter all dem liegt dein wahres Selbst: ***Liebe. Der göttliche Funken.***

Es ist wie gesagt nicht die Art von Liebe, die dich bindet. Nicht die, die fordert oder festhält. Sondern die, die frei ist. Die, die nichts braucht, um vollständig zu sein.

*

Das Geheimnis der Erleuchtung:

Ein erleuchteter Mensch ist kein übernatürliches Wesen. Er ist einfach jemand, der sich erinnert hat. Der erkannt hat: ***„Ich bin Liebe."*** Nicht als Konzept. Nicht als Ideal. Sondern als Wahrheit, die gelebt wird.

Er weiß:
- ✓ Liebe ist kein Besitz.
- ✓ Kein Tausch.
- ✓ Keine Sicherheit.

- ✓ Liebe ist Freiheit.
- ✓ Sie ist auch kein Halten. Kein „Du musst".
- ✓ Kein „Ich brauche dich, um heil zu sein".

Wahre Liebe befreit:
- ✓ Sie lässt sein.
- ✓ Sie lässt gehen.
- ✓ Sie fließt.

Und sie beginnt immer *in dir selbst.*
Du musst sie *nicht* suchen.
Du musst dich *nur erinnern.*
In die Stille gehen!

Denn du bist Liebe.
Jetzt.
Schon immer.
Und für immer.

Du beginnst zu verstehen: *Die Quelle, die ich so lange gesucht habe, bin ich selbst.* All die Jahre der Sehnsucht, der Suche nach Verbindung, nach Sinn, nach „etwas, das mich ganz macht" – sie führen an denselben Punkt zurück: *Zu dir.*

Nicht zu der Version von dir, die gelernt hat zu funktionieren. Sich anzupassen. Zu gefallen. Sondern zu der Stille in dir, die immer da war. Dem Raum, der nicht verletzt werden kann. Dem Licht, das in allem brennt – auch wenn es manchmal verdeckt war.

Liebe beginnt *nicht* mit dem Anderen: Viele glauben, Liebe beginnt dann, wenn der richtige Mensch kommt. Doch die Wahrheit ist: Liebe beginnt, wenn du dir selbst begegnest. Ohne Urteil. Ohne

Masken. Ohne das Gefühl, anders sein zu müssen. Wenn du da sitzt – ganz bei dir – und plötzlich spürst: *Ich bin genug. Ich war es schon immer.* Dann beginnt die Liebe zu fließen. Still. Sanft. Echt.

Die Rückverbindung mit der Essenz: Das, was wir „Selbstliebe" nennen, ist in Wahrheit Selbst-Erinnerung. Eine Rückverbindung mit der Quelle, mit deinem göttlichen Kern. Wenn du das erkennst, bist du frei. Nicht, weil du niemanden brauchst, sondern weil du nicht mehr abhängig bist.

Du kannst teilen.
Verbinden.
Hingeben.
Aber nicht aus Mangel.
Sondern aus Fülle.

Aus dieser Fülle entsteht die Art von Liebe, die heilt.
- ✓ Die nichts fordert, aber alles gibt.
- ✓ Die bleibt, ohne festzuhalten.
- ✓ Die geht, ohne zu zerbrechen.

Ich bin Liebe:
Diese Worte tragen eine stille Kraft:
Ich erkenne mich wieder als Teil von etwas Größerem.

- ✓ Nicht getrennt, sondern verbunden.
- ✓ Nicht bedürftig, sondern lebendig.
- ✓ Nicht auf der Suche – sondern Zuhause.

DAS WAHRE PARADIES LIEGT IN DIR

Jesus sagte:
„Das Paradies ist kein Ort – es ist ein Zustand."

Diese Aussage ist tief – und doch kann sie auch verwirren. Denn der
ist Himmel tatsächlich auch ein Ort – ein anderer Bereich des Seins,
jenseits unserer gewohnten Welt. Viele Menschen mit Nahtoderfahrungen berichten von lichtdurchfluteten Landschaften, von Farben und Klängen, die auf Erden unbekannt sind. Doch so schön
diese Bilder auch sind – sie erklären nicht vollständig, was den
Himmel so besonders macht.

Vielleicht liegt das Entscheidende weniger im *WO*,
sondern vielmehr im *WIE*.

Wie sind wir dort – innerlich?
Wie nehmen wir wahr, wenn alle Schleier gefallen sind?

Wenn wir in den Himmel eintreten – so glauben viele –, legen wir
all das ab, was uns hier noch belastet: Ängste, Ego, Schuldgefühle,
Bewertungen, Kontrolle. Das sind die *äußeren Schichten*, wovon
du in meinem Buch erfahren hast. Was dann bleibt, ist unser *wahres
Selbst – reines Sein, reine Liebe.*

*Dieser innere Zustand ist das,
was den Himmel zum Himmel macht.*

Denn stell dir vor:
Du wärst mit all deinen Konflikten, Ego, Ängsten und alten Mustern dort – würde dich selbst die größte Schönheit wirklich tief berühren?

Ein Beispiel aus dem Hier und Jetzt:
Du reist an einen traumhaften Ort – die Malediven. Kristallklares Wasser, Palmen, Sonnenuntergang. Und doch bist du unglücklich. Du spürst innerlich nichts – weil du gerade Liebeskummer hast. Oder innerlich aufgewühlt bist. Du bist zwar im Paradies – aber du fühlst es nicht.

Es ist nicht der Ort, der entscheidet.
Es ist dein innerer Zustand.

So ist es auch im Himmel. Das heißt, der Himmel ist *nicht nur* voller Frieden, weil der Ort so vollkommen ist – sondern weil wir selbst dort in einem anderen und einem *höheren Bewusstsein* sind. Und genau deshalb gibt es dort auch keinen Krieg, Neid oder Streitigkeiten.

Und das Erstaunliche:
Diesen Zustand können wir auch hier auf der Erde berühren. Es ist nicht etwas, das wir erst nach dem Tod entdecken – sondern etwas, das in uns erwacht, wenn wir bereit sind, hinzuschauen. Es geht schlichtweg um die Rückverbindung mit dem *wahren Selbst*.

Wie im Himmel, so auf Erden!

Deshalb heißt es: Wenn du dein wahres Selbst gefunden hast, kannst du überall glücklich sein. Du musst nicht verreisen, um Frieden zu finden. Du musst nicht auf den nächsten großen Sommerurlaub warten, um Ruhe zu spüren.

Viele Menschen sehnen sich nach diesem einen Ort – fernab des Alltags –, an dem sie endlich abschalten, endlich durchatmen, endlich „sie selbst" sein können. Für manche sind es die Malediven, für andere die Berge oder ein Rückzugsort in der Natur.

Doch:
Wenn du wirklich mit deinem inneren Selbst verbunden bist, brauchst du keinen besonderen Ort mehr. ***Dann trägst du diesen Ort in dir.*** Denn wahres Glück entsteht nicht im Außen – es entsteht in der Stille deines inneren Raumes.

Wenn du dein wahres Selbst erkannt hast, kannst du überall Frieden finden – im Trubel der Stadt, im Warten an der Kasse, in einer stillen Minute auf dem Balkon. Dein Glück ist dann nicht mehr abhängig von Umständen, Orten oder Menschen. Es ist ein Zustand des Seins.

Dann bist du ***angekommen.***
Aber was bedeutet es eigentlich, angekommen zu sein?

Viele glauben, es sei ein ***Zustand von Dauer-Glück.***
Ein Gefühl wie frisch verliebt sein.
Himmelhoch jauchzend. Euphorisch.
Ein Dopamin-Kick, ein Rausch, ein Höhenflug.

Doch das ist ***nicht*** Ankommen – ***das ist Suchen.***
Suchen nach dem ***nächsten Hoch.*** Nach dem ***nächsten Kick!***

Eine emotionale Achterbahnfahrt, wie sie viele kennen: Hoch, runter, wieder hoch. Immer getrieben von äußeren Reizen. Denn wer sein Glück im Außen sucht, muss ***ständig nachfüllen.***

Das wahre Ankommen fühlt sich anders an. *Still. Tief. Friedlich.*

Ankommen heißt:
- ✓ Du bist *nicht mehr* im Mangel.
- ✓ Du brauchst *keine* Bestätigung und kein nächstes „*Mehr*".

Du bist in dir selbst zu Hause.
Es ist eine Balance.
Ein innerer Frieden.
Eine stille Freude.

Nicht aufregend. Aber ehrlich.
Nicht berauschend. Aber beständig.

Ein Zustand, in dem du einfach bist.
Zufrieden. Verbunden. In dir verankert.

Es ist ein *Gleichgewicht in dir,*
das bleibt, auch wenn das Außen sich ändert.

Wie ein starker Anker.
Und wenn der nächste Sturm kommt –
du bleibst ruhig.

Weil du weißt:
Nichts im Außen kann dich mehr umhauen,
wenn du *in dir selbst* angekommen bist.

DAS PARADIES AUCH IN SCHWIERIGEN ZEITEN ERFAHREN

Kann man das innere Paradies auch in *schwierigen Zeiten* erfahren, wenn wir von negativen Nachrichten und schwierigen Ereignissen umgeben sind. Ja! Der Schlüssel liegt darin, sich nicht vollständig von den äußeren Umständen bestimmen zu lassen, sondern inneren Frieden und Liebe zu kultivieren.

In den letzten zweitausend Jahren – ja, vermutlich schon immer – war die Welt geprägt von Leid, Ungerechtigkeit und Unruhen. Die Verurteilung Jesu, die grausamen Hexenjagden, die Schreckensherrschaft Hitlers, Kriege im Namen von Macht und Religion, gewaltsame Auseinandersetzungen im Mittelalter – all das zeigt: *Die Dunkelheit ist ein Teil dieser Welt.* Es war nie alles gut, nie alles schlecht. Licht und Schatten, Hoffnung und Angst – es scheint, als ob alles in einem *Gleichgewicht von etwa 50/50* existiert.

Jesus lebte ebenfalls in einer solchen Welt voller Unruhe und Ungerechtigkeit. Und doch strahlte er Liebe, Klarheit und inneren Frieden aus – *nicht,* weil die Welt um ihn herum perfekt war, sondern weil er das Paradies in sich gefunden hatte. Er lehrte uns, dass es möglich ist, im Inneren frei zu sein, auch wenn außen Chaos herrscht.

Wenn du dir deines wahren Wesens bewusst wirst, verwandelt sich dein Blick auf die Welt. Du lebst angstfrei und in Liebe, weil du erkennst, wer du wirklich bist, woher du kommst – und dass der Tod nicht das Ende ist. Du spürst deine wahre Essenz, die unzerstörbar ist. Nichts kann dich mehr wirklich erschüttern, denn du bist verbunden mit etwas, das größer ist als alles, was diese Welt dir bieten oder nehmen kann.

*

Wenn jeder in diesen Zustand kommen würde...

Stell dir vor, wenn wirklich jeder Mensch diesen Zustand von innerem Frieden, Liebe und Bewusstsein erreichen würde – was würde das für die Welt bedeuten? Es ist eine Vision, die unglaublich kraftvoll und transformierend ist. Dann könnte die Welt ein völlig anderer Ort sein.

1. Mehr Mitgefühl und weniger Konflikte

In solch einem Zustand würde jeder Mensch die Welt mit einem offenen und mitfühlenden Herzen sehen. Konflikte, die durch Missverständnisse, Gier oder Angst entstehen, würden immer weniger werden. Menschen würden sich gegenseitig mit mehr Verständnis, Geduld und Akzeptanz begegnen. Wenn wir alle im Einklang mit uns selbst und anderen leben, gibt es keinen Platz mehr für Hass und Gewalt.

2. Gemeinschaft und Zusammenarbeit

Wenn jeder Mensch mit und einem Fokus auf Liebe und Einheit leben würde, könnten wir als Gesellschaft viel mehr zusammenarbeiten. Anstatt uns voneinander abzugrenzen, würden wir uns gegenseitig unterstützen, um gemeinsam Lösungen für die Herausforderungen dieser Welt zu finden. Probleme wie Armut, Umweltzerstörung und Ungerechtigkeit könnten nicht mehr so bestehen, weil die Menschen zusammenarbeiten würden, um Gutes für alle zu tun.

3. Frieden in der Welt

Der größte Einfluss eines jeden Einzelnen, der in diesem Zustand lebt, ist, dass er den **inneren Frieden in die Welt trägt**. In vielen spirituellen Traditionen wird gesagt, dass der Frieden in der Welt mit dem **Frieden im Inneren eines jeden Einzelnen beginnt**. Wenn jeder Mensch inneren Frieden erfahren würde, würde dieser Frieden die Welt um uns herum transformieren. Kriege und Gewalt hätten keinen Platz mehr, weil die Menschen *in sich selbst* den Frieden gefunden hätten, den sie dann auch in der Welt verbreiten würden.

4. Wachstum und Heilung für den Planeten

Ein Leben im Zustand des erweiterten Bewusstseins bedeutet auch, in Harmonie mit der Natur zu leben. Die Menschen würden die Erde nicht mehr als eine Ressource ansehen, die ausgebeutet werden muss, sondern als ein lebendiges Wesen, das geschützt und geehrt wird. Nachhaltigkeit und Achtsamkeit gegenüber der Umwelt würden zur Norm. Wenn jeder im Paradieszustand leben würde, würde sich auch unsere Beziehung zur Natur heilen, und der Planet würde von der respektvollen und liebevollen Weise profitieren, wie wir mit ihm umgehen.

GUT UND BÖSE – EIN BLICK HINTER DIE ETIKETTEN

Himmel oder Hölle?

Manche glauben: Wer gute Taten vollbringt, kommt in den Himmel. Aber was ist eigentlich gut? Wer entscheidet darüber?

Was für den einen moralisch, mutig und gerecht erscheint, wirkt auf den anderen vielleicht wie ein Verbrechen. Gut und Böse sind keine klaren Gegensätze – sie sind Perspektiven. Geprägt von Kultur, Erfahrung, Angst, Zeitgeist.

Ein Soldat zieht in den Krieg. Er kämpft – so sagt man – für den Frieden, für seine Heimat, gegen das Böse. Aber gleichzeitig nimmt er Leben. Sind es Feinde? Oder einfach Menschen auf der anderen Seite der Geschichte?

Russland tötet Ukrainer.
Die Ukraine tötet Russen.
Beide Seiten trauern.
Beide rechtfertigen.
Wer ist der Gute? Wer der Böse?

Oder:
Ein Hacker legt Netzwerke lahm – aus Protest gegen Unterdrückung. *Held? Oder Krimineller?*

Eine Mutter schmuggelt Medikamente für ihr krankes Kind. *Verbrecherin? Oder Heldin?*

Ein Mensch lügt, um einen anderen zu schützen.
Unmoralisch? Oder mitfühlend?

Ein Mann stiehlt Brot, weil seine Familie seit Tagen nichts gegessen hat. *Ist das Diebstahl? Oder Not?*

Ein Großkonzern spendet Millionen – aber nur, um sich reinzuwaschen. *Wohltätig? Oder berechnend?*

Die Grenzen verschwimmen. Moral ist selten eine klare Linie. Oft ist sie ein Spiegel – der Perspektive, der Zeit, des inneren Zustands. Von daher machen Aussagen wie „Für gute Taten kommst du in den Himmel!" wenig Sinn.

Wenn wir tiefer schauen, erkennen wir: **Der Mensch ist kein einfaches „gut" oder „böse".** Er ist ein Wesen voller Ängste, Prägungen, Hoffnungen, Zweifel. Viele sogenannte „böse Taten" entspringen nicht reiner Boshaftigkeit, sondern einem Mangel – an Liebe, an Verständnis, an Heilung.

- ✓ Wer *verletzt* wurde,
  verletzt oft selbst.

- ✓ Wer *nie echte Wärme* erfahren hat,
  kann sie kaum weitergeben.

- ✓ Wer im *Schatten* aufwuchs,
  kennt das Licht nicht.

Das Böse ist oft ein Schrei nach Hilfe. Eine verzweifelte Suche nach Kontrolle, Bedeutung oder Erlösung. Es ist selten schwarz-weiß. Es ist menschlich.

✓ Erst wenn wir begreifen, wie tief die Muster in uns
verwurzelt sind, beginnt *echter* Wandel.

✓ Erst wenn wir uns selbst erkennen,
können wir *andere* verstehen.

✓ Und erst, wenn Glaube vom Kopf ins Herz wandert,
verändert sich auch *unser* Handeln.

Das bedeutet:
Wir „gelangen" nicht in den Himmel, weil wir brav waren.
Sondern weil wir dorthin gehören – weil wir von dort kommen.
Und was uns dort erwartet, ist keine Belohnung im weltlichen Sinn
– sondern die Rückkehr zu dem, was wir immer schon waren: Ein
Teil von Gott!

KOMMT EIN ATHEIST IN DEN HIMMEL?

Wie würde wohl Gott darüber denken?

Vielleicht so:

„Der Atheist, der ehrlich sucht, der liebt, zweifelt, lebt – ist mir
näher als der, der mit dem Mund bekennt, aber das Herz verschließt.

Glaubst du wirklich, meine Liebe hängt an einem Etikett?
An einem Gebet, das auswendig gelernt wurde?
An der Anzahl deiner Kirchenbesuche?

Nur weil jemand religiös wirkt oder strikte Regeln befolgt, heißt das
nicht, dass er es auch lebt. Der Atheist – wenn er wahrhaftig *liebt* –
ist **mein Ausdruck.** Denn ich bin die **Liebe,** die ihr verkörpert.

In dieser Welt aus Lärm, Reizen und Meinungen ist es schwer geworden, zu spüren, was wahr ist. Gibt es mich? Oder bin ich nur ein
Bild im Kopf, eine Idee, ein Märchen, ein ferner Gedanke? Manche
nennen mich Gott. Andere sagen, ich sei eine Energiequelle und
manche sagen, ich sei gar nichts. Ich verstehe – es gibt keine Beweise, keine klare Stimme, kein greifbares Zeichen. Deshalb ver-
urteile ich euch nicht, wenn ihr meinen Namen nie nennt.

Und doch:
Wenn du still wirst,
wenn du all das Außen loslässt –
die Zweifel, die Konzepte, die Stimmen –
und in dich gehst,

dann ist da vielleicht ein Funkeln.
Etwas, das du *nicht* benennen kannst,
aber das sich echt anfühlt.
Warm. Tief. Friedlich.

Das bin ich,
denn ich bin auch *in dir!*

Ich bin kein Urteil.
Kein Dogma.
Ich bin *keine* Religion.
Ich bin Liebe.

Und du –
du kommst aus dieser Liebe.
Du bist sie.
Du hast sie *nich*t *verloren.*
Du hast sie *nur überdeckt*:
mit Rollen, mit Ängsten, mit all dem,
was man dir beigebracht hat.

Aber unter all diesen Schichten bist *du* klar.
Bewusst. Leuchtend.

Es ist mir *nicht* wichtig,
ob du sagst, dass du an Gott glaubst.
Worte spielen *keine* Rolle.
Was zählt, ist das, *was du fühlst,*
wenn du mit *offenem Herzen lebst.*

Sonst wären Klöster Orte reiner Güte.
Doch auch dort, wo Religion gelehrt wird, geschieht Missbrauch.

- ✓ Weil Wissen *ohne Herz* leer ist.

- ✓ Weil Glaube *ohne Liebe* nur Hülle ist.

- ✓ Weil *ungelöste Traumata* nicht durch ein Gewand oder ein Gelübde verschwinden.

- ✓ Liebe sein, heißt auch die *eigene Dunkelheit* anzuschauen, statt sie zu verstecken. Denn was man sie unterdrückt, kommt sie verzerrt und zerstörerisch zurück.

Vielleicht braucht die Welt nicht mehr Lehrer.
Sie braucht mehr Menschen, die sich selbst erkannt haben.

Und darum geht es im Leben
Nicht um Systeme.
Nicht um Etiketten.

Sondern darum, zu lieben.
Dich selbst.
Die anderen.
Das Leben.
Liebe zu sein.

Und wer liebt – hat mich längst erkannt.
Auch wenn er es nie weiß. "

GOTTES GERICHT

Wenn du woanders geboren wärst, wärst du jemand anderes geworden. Und das weiß Gott.

Stell dir vor, du wärst nicht hier geboren:

Nicht mit deinen Eltern und deinem Umfeld.
Sondern in **Afghanistan.**
Als kleiner Junge. Mitten im Krieg.
Umgeben von Angst, Verlust, Gewalt.
Ein Camp, das dich als Kind aufnimmt –
nicht mit Liebe, sondern mit Ideologie.
Sie sagen dir, was richtig und falsch ist.
Sie sagen dir, wer dein Feind ist.
Sie sagen dir, dass du kämpfen musst.
Für deine Familie. Für dein Land. Für Gott.
Und dass du Ehre findest im Opfer.
Sie sagen, das sei Gottes Wille.

Du bist 10.
Dann 12.
Dann 16.
Dein Herz kennt nur **diesen** Weg.
Nie hat dir jemand gesagt, dass du **Licht** bist.
Du kannst die Liebe in dir **nicht** mehr spüren.
Zu viel Schmerz, Wut, Angst und Hass ist in **dir.**

Was wäre dann aus dir geworden???

Wie kann man da von gleichen Chancen sprechen?
Wie kann man all diese Leben mit dem gleichen Maßstab messen?

Und dann soll es ein Gericht geben?
Ein göttliches Urteil – über Menschen, deren Wege so unterschiedlich waren?

Ein Kind, das *nie* geliebt wurde, das nur Misstrauen und Härte kennt – soll das gleich bewertet werden wie eines, das in Geborgenheit wachsen durfte?

Nein! Ein wahres Gericht urteilt *nicht.* Es versteht. Es sieht nicht nur, was jemand tat – sondern was er tragen musste, bevor er fiel.

Nicht alle starten gleich:

Wir kommen *nicht* mit denselben Voraussetzungen ins Leben. Aber wenn du heute in der Lage bist, Liebe in dir zu spüren, dich selbst zu reflektieren oder bewusst zu leben, dann hast du vielleicht leichtere Startbedingungen gehabt als andere. Aber das macht dich nicht besser. Du bist nicht mehr wert als ein Junge, der in Afghanistan in Armut, Krieg oder Angst aufwächst. Es bedeutet nur: Deine Verantwortung ist vielleicht eine andere – mit dem, was du erkannt hast, achtsam und mitfühlend umzugehen.

Vielleicht ist es die Aufgabe dieser Menschen oder Seelen, nicht im äußeren Reichtum zu leben, sondern sich auf jene zu konzentrieren, die mit schwierigeren Startbedingungen ins Leben gekommen sind. Sie zu unterstützen – vor Ort, durch Mitgefühl, durch Engagement oder mit einer Spende.

Vielleicht hattest du *nur* deshalb einfachere Startbedingungen. Nicht, um dich überlegen zu fühlen, sondern *um etwas zu bewirken*, um *Veränderung möglich zu machen.*

Was würde ein liebender Gott zu solch einem Jungen, der im Krieg aufgewachsen ist, sagen?

Er sagt nicht: *„ Was hast du getan? "*
Er fragt: *„ Was ist dir passiert? "*

Denn göttliches Verstehen schaut tiefer. Er sieht nicht nur das Ergebnis – es erkennt den Weg. Er sieht, wie Prägung, Angst, Trauma und Systeme das Herz eines Menschen formen. Und es verurteilt nicht, wo es Heilung braucht.

Ich lehre dich, anderen zu vergeben,
warum sollte ich dir nicht vergeben können?

Ich vergebe dir alles.
Vergibst du dir selbst?

Ich liebe dich.
Liebe dich selbst, wie ich dich liebe.

Gott gibt Niemanden auf!

Wahre Gerechtigkeit in Gottes Augen ist, den verlorenen und verletzten Menschen zurück in das Licht zu führen. Sie ist die Einladung, die Hand der Vergebung und der Liebe zu reichen – auch denen, die schwere Fehler begangen haben.

Lass mich das an einem praktischen Beispiel erklären:

Stell dir vor, du siehst jemanden, der auf der Straße lebt, vielleicht drogenabhängig oder psychisch am Ende. Anstatt diesen Menschen zu verurteilen, ihn zu ignorieren oder als „gescheitert" abzustempeln, gibt es viele von uns, die helfen. Menschen, die nicht wegsehen, sondern versuchen, einen Weg aufzuzeigen – zurück ins Leben, zurück ins Licht.

Warum tun wir das?
Weil wir wissen: Kein Mensch ist hoffnungslos. Jeder kann sich verändern. Jeder kann heilen. Wir sehen den Menschen nicht nur in seinen Taten, sondern in seiner Tiefe, in seinem inneren Schmerz, in seinem Potenzial. Wir sagen: „Du hast vielleicht falsche Entscheidungen getroffen. Aber es ist nie zu spät. Ich glaube an dich. Ich helfe dir."

So handelt auch Gott. Nicht mit einem Urteil in der Hand, sondern mit einem offenen Herzen. Mit der ausgestreckten Hand der Liebe. Auch die schwersten Taten können verwandelt werden – durch ehrliche Einsicht, Reue und den Willen zur Heilung.

Gott sagt:
„Ich reiche dir meine Hand.
Du bist mehr als deine Fehler.
Du bist mein Kind.
Komm zurück ins Licht."

Wahre Gerechtigkeit in Gottes Augen ist nicht Strafe, sondern eine Möglichkeit zur ***Transformation.*** Aus der Dunkelheit zurück ins Licht – immer wieder, solange es nötig ist. Denn Gott gibt niemanden auf.

Niemand ist jemals verloren – Der Weg zurück ins Licht

Niemand ist jemals wirklich verloren. Auch wenn es manchmal so scheint, als sei ein Mensch unrettbar vom Weg abgekommen, als sei er in der Dunkelheit versunken, als gäbe es keinen Weg mehr zurück – die Wahrheit ist: Es gibt ihn immer. Den Weg ins Licht.

Das zeigt uns auch die Geschichte von **Star Wars**. Darth Vader – einst Anakin Skywalker – verkörpert den Inbegriff der Dunkelheit. Er hat sich vom Licht abgewandt, Verrat geübt, zerstört, getötet. Und doch: In seinem tiefsten Inneren ist der **Funke des Guten** nie ganz erloschen. Erst durch die Liebe und das Vertrauen seines Sohnes Luke erinnert er sich wieder an das, was er **einst war** – an das, was in ihm immer noch lebendig war. Am Ende wählt er das Licht. Und kehrt zurück.

Diese Geschichte ist mehr als nur Science-Fiction.
Sie ist ein Sinnbild für das Menschsein.

Denn auch im echten Leben gibt es Menschen, bei denen wir glauben, sie seien für immer verloren. Menschen, die uns enttäuscht, verletzt oder sich selbst zerstört haben. Doch das Leben ist kein gerader Pfad – und niemand geht ihn fehlerfrei. Jeder trägt seine Wunden. Jeder irrt. Jeder fällt.

In jedem Menschen wohnt dieser göttliche Funke. Und dieser Funke kann nie vollständig verlöschen. Auch wenn er verborgen scheint – er ist da. Wartend. Bereit, sich neu zu entzünden.

DIE HEIMKEHR

Wenn der Tod tatsächlich **nur ein Übergang** ist, dann stellt sich eine essenzielle Frage: **Wo sind unsere Liebsten, die bereits von uns gegangen sind?**

Im Himmel, so lautet oft die spontane Antwort.

Doch was bedeutet das eigentlich – „Himmel"?

Hinter dem Himmel, den wir am Tag als lichtblauen Bogen und in der Nacht als Sternenzelt erleben, erstreckt sich das Universum – ein scheinbar unendlicher Raum aus Materie, Energie, Raum und Zeit.

Befinden sich unsere Verstorbenen also irgendwo dort draußen – auf einem anderen Planeten, in einer fernen Galaxie?

Wohl eher nicht. Oder doch?

Vielleicht sollten wir die Frage von Grund auf anders stellen. Vielleicht liegt die Wahrheit nicht im Universum, sondern außerhalb davon.

Was ist das eigentlich, was wir hier auf der Erde erleben?

Einige nennen es eine Scheinwelt – eine Illusion. Andere sprechen von einer Schule für Seelen, einem Erfahrungsraum oder sogar **einem Spiel ohne Ziel**, in dem es einzig darum geht, zu erleben, zu fühlen, zu wachsen.

Wenn das Universum in seiner Gesamtheit tatsächlich eine Art Bühne, ein Spielplatz oder ein Bewusstseinsfeld ist, dann wäre das, was wir als „Jenseits" bezeichnen, nicht Teil dieses Spiels – sondern etwas, das *außerhalb* davon existiert. Außerhalb von Zeit, Raum, Materie – jenseits der Grenzen unseres gewohnten Denkens.

Manche vergleichen es mit einem Fernsehgerät: verschiedene Kanäle, verschiedene Ebenen der Realität.
Kanal 1: die Erde.
Kanal 2: das Jenseits.
Kanal 3: ...

All diese Kanäle existieren gleichzeitig, doch unser Bewusstsein ist immer nur auf *einen Sender* eingestellt. Der Tod wäre dann nichts anderes als das Umschalten auf einen anderen Kanal – *ein Frequenzwechsel,* kein Ende.

Wer sich mit Nahtoderfahrungen oder Jenseitskontakten beschäftigt, erkennt ein faszinierendes Muster: Viele Betroffene beschreiben das Sterben wie ein *Erwachen aus einem Traum.* Plötzlich erinnere man sich – an alles. Man erkennt, dass man für das Leben auf der Erde lediglich eine Rolle angenommen hat, eine Identität auf Zeit.

Beispielhaft kann man an die Erfahrung erinnern, wie wir uns morgens nach einem intensiven Traum oft verwundert fragen, was real und was Illusion war. So könnte der Tod ein Moment sein, in dem wir aus einem beschränkten, sensorisch geprägten Zustand heraustreten und in eine Realität übergehen, die uns bislang verborgen blieb.

Ob man solchen Berichten Glauben schenken will, bleibt jedem selbst überlassen. Doch sie könnten erklären, warum manche Menschen überzeugt sind, Kontakt mit Verstorbenen aufnehmen zu können. Denn es heißt, dass alles und jeder *miteinander verbunden* ist – *über Raum und Zeit hinaus.*

DAS JENSEITS

Zu diesem Thema möchte ich dir gerne eine kleine Geschichte erzählen...

Tinas Reise ins Jenseits:

Es war eine Nacht wie keine andere. Als ich einschlief, begann die Grenze zwischen dem Gewohnten und dem Unbekannten zu verschwimmen. Ich spürte, wie ich aus meinem Körper schwebte. Die physische Schwere verschwand. Seltsamerweise empfand ich keine Angst. Alles war still – so friedlich. Ein tiefes Vertrauen breitete sich in mir aus. Plötzlich zog mich eine Kraft nach oben. Instinktiv presste ich die Augen zusammen.

„Willkommen im Jenseits, Tina!", sagte eine vertraute, tiefgründige Stimme, dessen Worte wie Wellen in meinem Inneren widerhallten. Sie stellte sich als spirituelle Führerin vor. Ihr Name war Antonella.

„Bin ich Tod?", fragte ich erschrocken.

„Nein, du bist nur zu Besuch im Jenseits!"

Ich schaute an mir herunter. „Was ist mit meinem Körper passiert?"

„Dies ist der Ort, an dem der physische Körper nicht mehr existiert, sondern du als Lichtkörper in deiner reinsten Form lebst. Die Grenzen der physischen Welt sind für dich nicht mehr relevant."

Der Lichtkörper:

Ich spürte, wie sich mein Wesen formte – sanft, fluid, in einem Körper aus Licht, der mit meiner Energie und meinen Gedanken mitschwang. „Du bist der Schöpfer deiner Form", erklärte Antonella weiter. „Dein Lichtkörper kann in jede Form treten, die du wählst. Du bist nicht mehr an den physischen Körper gebunden. Du kannst deinen früheren menschlichen Körper wählen oder eine völlig neue Gestalt erschaffen – alles ist möglich."

Ich konzentrierte mich und stellte fest, dass ich die Gestalt meines alten menschlichen Körpers wieder annehmen konnte.

Die Schwingung als Erkennungsmerkmal:

„In dieser Dimension erkennen wir uns nicht durch äußere Merkmale", sagte Antonella. „Du wirst nicht durch das, was du siehst, sondern durch deine Schwingung erkannt. Jede Seele, jedes Wesen trägt eine einzigartige Frequenz, die es von den anderen unterscheidet. Du kannst dich mit jedem hier verbinden, indem du ihre Schwingung fühlst."

Ich spürte die Wellen anderer Wesen um mich herum. Es war ein Gefühl der Verbundenheit, als ob jeder Gedanke und jedes Gefühl miteinander in Resonanz ging. Ich wusste intuitiv, wer ich war und wer sie waren, nicht durch Worte, sondern durch die sanften Vibrationen, die uns verbanden.

Und in diesem Raum jenseits der Zeit spürte ich: Wir waren eins. Keine Masken, keine Trennung – ich sah in die Herzen der anderen wie in ein offenes Buch. Und sie sahen in meines.

Der gestaltbare Raum:

„Hier bist du der Schöpfer deiner Realität", erklärte Mirabella, die sich mir nun in dieser leuchtenden Welt näherte. Ihre Erscheinung war voller Frieden und Weisheit, und sie strahlte eine Wärme aus, die mir vertraut war. „Du kannst alles erschaffen, was du dir wünschst – dein Zuhause, deinen Raum, die Landschaft um dich herum. Hier ist alles formbar, fließend, unendlich."

Ich schloss meine Augen und stellte mir einen wunderschönen Garten vor, ein Ort voller lebendigem Grün und Farben, die ich nie zuvor gesehen hatte. Als ich meine Augen wieder öffnete, fand ich mich inmitten eines blühenden Paradieses wieder. Der Garten war nicht nur ein Produkt meiner Vorstellung, sondern fühlte sich real an, als ob er schon immer existiert hätte. Und es gab Farben, die ich zuvor noch nie gesehen hatte.

Kommunikation durch Telepathie:

„In diesem Reich gibt es keine Worte", sagte Antonella. „Alles wird durch Gedanken und Schwingungen kommuniziert. Du kannst mit anderen ohne Sprache kommunizieren, weil du ihre Gedanken und Gefühle direkt wahrnimmst."

Das war mir schon aufgefallen: Wenn ich an eine Frage dachte, erhielt ich sofort eine Antwort, klar und direkt. Es war eine Kommunikation der Herzen, ohne Missverständnisse, ohne die Notwendigkeit von Sprache. Ich spürte, wie Gedanken von mir zu anderen flossen und wie sich ihre Antworten nahtlos in mein Bewusstsein einfügten. Die Telepathie war natürlich, einfach, und voller Verständnis.

Fortbewegung durch Gedankenkraft:

„Wie bewegt ihr euch vorwärts?"

„Du kannst dich hier auch ohne physische Fortbewegung bewegen",
erklärte Mirabella. „Dein Körper hier ist nicht an Zeit und Raum
gebunden. Du kannst dich mit einem Gedanken an jeden Ort be-
geben, den du dir wünschst."

Freiheit von der Materie:

„Hier gibt es keine Notwendigkeit zu essen", sagte Antonella. „Dein
Lichtkörper wird durch die universelle Energie genährt, die immer
im Fluss ist. Du bist nicht mehr an die physischen Bedürfnisse gebunden."

Ich fühlte mich vollkommen erfüllt, ohne Hunger oder Durst. Es
war, als ob die Energie des Universums direkt in mir floss und mich
nährte, und doch hatte ich das Gefühl, nie leer zu sein. Es war ein
Zustand des vollkommenen Friedens und der Harmonie.

Reflexion des alten Lebens und Heilung:

„In dieser Dimension ist Heilung möglich", sagte Antonella sanft.
„Hier hast du die Gelegenheit, alte Wunden zu betrachten und zu
heilen. Du kannst alles, was du in deinem Leben noch nicht verstehen konntest, in einer neuen Perspektive sehen."

Ich betrachtete die "Lebensspuren", die mein vergangenes Leben
darstellten. Es war ein leuchtendes Band, das all meine Erfahrun-

gen, Entscheidungen und Gefühle verband. Als ich es betrachtete, verstand ich alles auf eine tiefere Weise. Schmerz und Freude waren Teil eines größeren Ganzen, und ich konnte Frieden mit allem finden, was gewesen war.

Wiedersehen mit Verstorbenen:

„In dieser Dimension ist auch der Kontakt mit den Verstorbenen möglich", erklärte Antonella sanft, als sie meine Gedanken wahrnahm. „Die Seele ist unsterblich, und die Verbindung zwischen den Wesen geht über den physischen Tod hinaus. Du kannst jederzeit mit denen sprechen, die du verloren hast."

Ich spürte, wie eine sanfte Präsenz mich umhüllte, eine vertraute Schwingung, die ich sofort erkannte. Es war die Energie meines verstorbenen Großvaters. „Opa?" fragte ich leise.

„Ja, meine Liebe", hörte ich seine Stimme in meinem Inneren. Sie war warm und beruhigend. Und plötzlich stand er vor mir. Es war ein Moment tiefer Verbundenheit. Der Schmerz des Verlustes schien zu verblassen, ersetzt durch das Wissen, dass unsere Bindung nicht von der physischen Welt abhängig war. „Wie geht es dir?", fragte ich.

„Es geht mir gut, besser als je zuvor. Ich bin frei von den Begrenzungen des Körpers. Hier gibt es nur Liebe, Frieden und Licht."

Ich fühlte mich erfüllt und beruhigt, während ich die Erinnerung an diesen Moment in mein Bewusstsein aufnahm. Der Kontakt mit meinem Großvater, so tief und bedeutungsvoll, bestätigte für mich, dass der Tod nur ein Teil des großen Zyklus ist, den wir alle durchlaufen. Und in diesem Prozess sind wir niemals wirklich allein.

Der Abschied:

Doch schließlich spürte ich einen leichten Drang, zurückzukehren. „Der Moment der Rückkehr ist gekommen", sagte Antonella, als sie meine Gedanken spürte. „Wenn du zurückkehrst, erinnere dich daran, dass du nie wirklich getrennt bist von denen, die du liebst. Ihre Präsenz wird immer bei dir sein, in deinem Herzen und in deiner Energie."

Als ich wieder in meinem Körper erwachte, war ich erfüllt von einem tiefen Frieden und einer unerschütterlichen Gewissheit: ***Der Tod ist nicht das Ende, sondern ein Übergang.*** Und ich begann zu realisieren, dass ***das Bewusstsein nicht an den Körper gebunden*** ist. Diese Erkenntnis traf mich mit einer solchen Klarheit, dass ich spürte, wie sie tief in mein Innerstes eindrang – es war ein Wissen, das weit über den Intellekt hinausging, ein Wissen, das sich nicht in Worte fassen ließ, sondern in der Erfahrung selbst lebte.

*

Es gibt zahlreiche Berichte und Quellen, die den Erfahrungen von Tina in der oben geschilderten Geschichte ähnlich zu sein scheinen. Auch wenn es keine abschließenden wissenschaftlichen Beweise gibt, um das Jenseits als faktische Realität zu bestätigen, gibt es viele Hinweise aus verschiedenen Bereichen, die diese Vorstellung stützen.

Nahtoderfahrungen (NDEs) liefern ebenfalls faszinierende Einblicke in das Jenseits. Menschen berichten von Erfahrungen wie dem „Licht am Ende des Tunnels", der Begegnung mit verstorbenen Verwandten oder spirituellen Führern und einer überwältigenden Liebe und Harmonie. Diese Erfahrung machte übrigens auch der Neurowissenschaftler Dr. Eben Alexander.

Dr. Eben Alexander war jahrzehntelang als *Neurochirurg* tätig und ein angesehener Experte auf dem Gebiet der Hirn- und Kognitionswissenschaften. Er hatte sein gesamtes Berufsleben der Untersuchung des menschlichen Gehirns und seiner Funktionsweise gewidmet. Dabei war er fest davon überzeugt, dass das Bewusstsein eine rein biologische Funktion des Gehirns sei – ein Produkt der elektrischen Aktivität und der komplexen Interaktionen der Neuronen. Für ihn war das Gehirn der Ursprung von Gedanken, Wahrnehmungen und dem gesamten mentalen Erleben, und das Bewusstsein konnte nicht außerhalb der physischen Welt existieren.

Doch eine dramatische Wendung nahm sein Leben, als er selbst eine Nahtoderfahrung erlebte, die nicht nur seine medizinische Weltanschauung auf den Kopf stellte, sondern ihn auch zu einer völlig neuen Perspektive auf das Bewusstsein und das Leben jenseits des physischen Körpers führte.

Die Nahtoderfahrung von Dr. Eben Alexander:

Im Jahr 2008 erkrankte Dr. Alexander an einer schweren bakteriellen Meningitis, in dem Dr. Alexander in eine andere Dimension des Bewusstseins eintrat, die er später als seine Nahtoderfahrung beschrieb.

Er erlebte eine völlig neue Realität, die außerhalb von Raum und Zeit existierte. Diese Erfahrung war von einer tiefen Klarheit und einem unerschütterlichen Gefühl des Friedens und des Verständnisses begleitet:

„Die Welt war realer als alles, was ich je kennengelernt hatte. Dieser Ort war vollkommen real – kein Traum, keine Fantasie.

Voller Liebe. Das Schönste, was ich je erfahren hatte. Ich könnte ein positives Adjektiv nach dem anderen aneinanderreihen, um diese Welt zu beschreiben, doch selbst das würde die Schönheit dieses Ortes nicht im Entferntesten einfangen.

Vor mir erstreckte sich eine grüne Landschaft. Erdähnlich. Ein vertrauter Ort, doch ohne bewusste Erinnerungen. Aber ein Teil tief in mir erinnerte sich an diesen Platz und freute sich, wieder hier zu sein.

Ein warmer Wind wehte, wie er an perfekten Sommertagen aufkommt. Eine göttliche Brise. Ich begann diesem Wind und dem göttlichen Wesen, das sich dahinter oder darin befand wortlose Fragen zu stellen: Wo ist dieser Ort? Wo bin ich? Warum bin ich hier? Jedes Mal, wenn ich in der Stille die Frage aufwarf, kam die Antwort sofort und zwar in Form einer Explosion aus Licht, Farbe, Liebe und Schönheit, wie eine Welle, die durch mich hindurchfegte.

Ich sah Menschen und Kinder. Sie trugen einfache, aber wunderschöne Kleider und sie schienen überaus glücklich zu sein. Ihre Kleidung strahlte eine Wärme aus, wie die Bäume und Blumen, die sie umgaben. Alles war durchzogen von Liebe. Die Farben um mich herum waren intensiver und lebendiger als alles, was ich auf der Erde je gesehen hatte.

Überall flogen Schmetterlinge. Sie schienen miteinander verbunden zu sein, als ob sie alle Teil eines großen Ganzen wären. Allgemein schien es als könne man sich in dieser Welt auch nichts anschauen oder anhören, ohne eine Teil davon zu werden – ohne sich auf eine mysteriöse Weise damit zu verbinden.

Kurz darauf traf ich auf eine Frau. Sie stellte sich als eine geistige Führerin vor und ihre Liebe war etwas Höheres, etwas, das ich auf der Erde niemals gekannt hatte.

Ohne ein einziges Wort zu sprechen, verstand ich sie. Es war wie Telepathie, aber auch eine andere Sprache. Wenn ich es ins irdische übersetzten müsste, war ihre Botschaft wohl die Folgende:

1. *Du wirst wieder zurück müssen, aber du wirst für immer zu tiefst geliebt und geschätzt.*
2. *Du hast nichts zu befürchten.*
3. *Du kannst nichts falsch machen.*

Diese Worte durchfluteten mich mit einem Gefühl der Erleichterung. Es war, als hätte man mir die Spielregeln eines Spiels übermittelt – eines Spiels, dessen Regeln mein Leben auf der Erde betrafen. Und mit diesem Wissen kam eine Ruhe, die alles Leid, jede Angst und jeden Zweifel hinwegfegte. Die Erleichterung war überwältigend, als ob ich endlich das Geheimnis des Lebens selbst verstanden hätte."

Dr. Eben Alexanders Nahtoderfahrung war ein tiefgreifendes Ereignis, das sein Leben, seine Karriere und seine Perspektive auf das Bewusstsein radikal veränderte. Was er erlebte, war eine klare Bestätigung der Idee, das Bewusstsein **nicht** an das Gehirn gebunden ist und dass das menschliche Bewusstsein unsterblich ist. Die Erkenntnisse, die er aus dieser Erfahrung zog, haben ihm nicht nur Trost und Einsicht gebracht, sondern auch vielen anderen Menschen Hoffnung und Zuversicht. In einer Welt, die oft von den Grenzen des physischen Lebens geprägt ist, bietet auch Dr. Alexander die kraftvolle Botschaft, dass es mehr gibt, dass wir **alle miteinander** *verbunden sind* und dass der wahre Kern unserer Existenz in einer *universellen Liebe* und einem unsterblichen Bewusstsein liegt.

Anbei ein paar schöne Zitate von Dr. Eben Alexander:

„Wir sind nicht nur physische Körper;
wir sind unsterbliche Wesen mit einem Bewusstsein,
das jenseits der physischen Realität existiert."

„Die Wahrheit, die ich erfahren habe, ist einfach:
Das Leben geht weiter – viel mehr,
als wir uns in unseren wildesten Träumen vorstellen können.
Und das Bewusstsein, das wir sind,
existiert jenseits von Raum und Zeit."

„Die Liebe, die ich dort erfahren habe,
ist nicht nur eine Emotion,
sondern die Grundlage des Universums.
Sie ist die mächtigste Kraft und das,
was uns alle miteinander verbindet."

SEIN KENNT KEINE ZEIT

„Sein kennt keine Zeit" – vielleicht hast du diesen Satz schon einmal gehört. Viele spirituelle Lehren sprechen davon, dass es im Jenseits kein Gestern und kein Morgen gibt – sondern nur das *ewige Jetzt.* Keine Uhr, kein Kalender, keine lineare Abfolge. Eine andere Seinsform. Eine andere Art zu existieren.

Doch was bedeutet das eigentlich – *Zeitlosigkeit?* Wie lässt sich etwas verstehen, das unserem irdischen Denken so fremd ist?

Vielleicht beginnt das Verstehen dort,
wo das wahre Selbst berührt wird –
wo ein Mensch in den Zustand reinen Seins gelangt.

Ein Zustand, in dem es nichts mehr zu erreichen gibt,
nichts mehr zu tun, nichts mehr zu beweisen.

Stell dir vor:
Ein warmer Sommerabend.
Du sitzt allein an einem stillen Strand.
Du bist verreist – ganz bewusst, nur mit dir selbst.

Das Meer rauscht leise, Möwen kreisen am Himmel.
Du hörst die Wellen, spürst den Wind, riechst das Salz in der Luft.

Dein Handy hast du zu Hause gelassen.
Du trägst keine Uhr.
Du weißt nicht, wie spät es ist – und es spielt auch keine Rolle.
Denn du hast keine Pläne.

Kein Ziel für den Abend.
Keine To-do-Liste in deinem Kopf.

Du denkst nicht an morgen.
Nicht an gestern.
Du bist einfach nur da –
wach, klar, gegenwärtig.
Du bist *im JETZT.*

Und in diesem Moment verliert Zeit ihre Bedeutung.
Ob du seit fünfzehn Minuten dort sitzt oder seit zwei Stunden
– es ist gleichgültig.

Es gibt niemanden, der auf dich wartet.
Nichts, das noch erledigt werden müsste.

Du bist frei.
Gedankenlos.

Nun stell dir vor, es gäbe keine Nacht –
nur einen endlos langen Tag.
Und wenn du weitergehen willst, dann gehst du.
Nicht aus Pflichtgefühl,
sondern aus einem stillen, inneren Impuls.

Vielleicht bleibst du vor einer Blume stehen,
auf der ein bunter Schmetterling ruht.
Du betrachtest sie eingehend,
versinkst ganz in diesem kleinen, leuchtenden Moment.

Und wenn du irgendwann weitergehst,
kannst du nicht mehr sagen,

ob du fünf oder dreißig Minuten dort verweilt hast.
Es spielt keine Rolle.
Und wozu Eile?
Es gibt keine.

Denn das Ego
– das sonst plant, fordert, drängt – ist still geworden.
Es gibt nichts zu erreichen.
Nichts zu optimieren.
Nichts zu leisten.

Nur diesen einen Moment.
Dieses reine Dasein.

Vielleicht ist genau das das Wesen echter Zeitlosigkeit:
Ein Zustand innerer Weite,
in dem Genuss nicht durch Tun entsteht,
sondern allein durch das Sein.

WIEDERGEBURT – JA ODER NEIN?

Religionen und Weltanschauungen vertreten dazu unterschiedliche Meinungen. Während manche fest an eine einzige Existenz glauben, sehen andere das Leben als Teil eines größeren Kreislaufs aus Geburt, Tod und Wiederkehr. Doch was, wenn beides möglich ist? Was, wenn nicht eine allgemeingültige Wahrheit existiert, sondern jeder Mensch – jede Seele – ihren *eigenen Weg* wählt?

Auf der Erde haben wir den *freien Willen* – eine Gabe, die uns erlaubt, Entscheidungen zu treffen und unseren Weg zu gehen. Doch dieser freie Wille könnte sich *nicht* nur auf das irdische Leben beschränken. Auch im Himmel, nach dem Tod, könnten wir die Freiheit haben, unsere Reise fortzusetzen.

Im Zustand des Friedens, der Ruhe und des Lichts können wir meiner Meinung nach ebenfalls wählen, wie wir weiter wachsen und uns entwickeln möchten. Es ist eine Freiheit, die sowohl im irdischen Leben als auch in der spirituellen Dimension gilt.

Es ist unsere Reise:

Wir sind diejenigen, die diese Reise bestimmen, die den Kurs setzen und die Schritte entscheiden. Wir sind Licht und Liebe. Diese Essenz begleitet uns in allem, was wir tun, in jedem Moment unseres Lebens und darüber hinaus. Unsere Entscheidungen, ob wir inkarnieren oder im spirituellen Raum verweilen, sind ein Ausdruck dieser Liebe und dieses Lichts.

Die Entscheidung, wieder zu inkarnieren, könnte ganz bei uns liegen. Es ist *keine* Pflicht oder ein Zwang, sondern eine Wahl, die auf dem Wunsch nach Wachstum, Lernen und Heilung basiert. Jede Seele entscheidet demnach in ihrer eigenen Weisheit, ob sie erneut inkarnieren möchte, um bestimmte Erfahrungen zu machen. Dies ist kein Gebot, das von außen kommt, sondern ein innerer Impuls, der im Einklang mit unserer Seelenmission steht.

Vielleicht gibt es dort oben auch noch *andere Räume* der Weiterentwicklung oder *Aufgaben,* die uns hier auf der Erde nicht bekannt sind, Bereiche, die jenseits unseres aktuellen Verständnisses liegen. Räume, in denen die Seele noch tiefere Ebenen der Weisheit und des Wissens erlangt, die über das hinausgehen, was wir uns im irdischen Leben vorstellen können, zum Beispiel Inkarnationen in *anderen Räumen.* In spirituellen Lehren wird auch davon gesprochen, dass es Inkarnationen in *höheren Dimensionen* gibt – manche davon ganz ohne physischen Körper.

Diese höheren Dimensionen der spirituellen Entwicklung könnten somit andere Formen des Lernens und des Wachstums beinhalten, die uns bei unserer Reise unterstützen, uns jedoch erst mit der Zeit oder *nach der Inkarnation auf der Erde* offenbart werden.

*

Hypnose-Rückführungen – Sind sie nicht ein Beweis für die Wiedergeburt?

Hypnose-Rückführungen sind eine Technik, bei der Menschen unter hypnotischem Zustand dazu geführt werden, sich an frühere Erlebnisse zu erinnern – teilweise sogar an vergangene Leben. Dabei berichten sie oft von Szenen, Gefühlen und Details, die ihnen im Wachzustand nicht bewusst sind.

Doch hier ist Vorsicht geboten. Meiner Meinung nach wird dabei oft das Leben eines *anderen Funkens* gezeigt. Denn in Wahrheit sind wir oben im Jenseits *alle eins* – tief miteinander verbunden. Wie bereits erwähnt: wie ein offenes Buch füreinander. Das heißt, es wird ein Leben gezeigt, das *für das eigene Wachstum* von Vorteil sein kann. Es ist *nicht* das eigene Leben.

In meinen Augen ist die Erde die *Inszenierung unserer Reise*. Denn erst, wenn wir auf der Erde waren, können wir auch anderen Menschen aus dem Jenseits beispielsweise durch Impulse Unterstützung geben oder in höheren Dimensionen des Spiels mitwirken.

Und was wäre das für ein miserables Spiel, wenn wir vierhundert Mal (?!) oder öfter auf die Erde müssten, um Erleuchtung zu erreichen – ohne Spielanleitung, in einem Zustand, in dem wir uns an nichts mehr erinnern können? Und jedes Mal fangen wir wieder bei Null an. Wie ernüchternd. Das hätte nichts mehr mit Liebe zu tun. Irgendwann würden wir sagen: „Jetzt will ich nicht mehr. Das Spiel ist zu schwierig. Ich will nicht mehr hinunter."

Und wenn Gott Liebe ist, wie könnte er eine Seele zwingen, immer wieder zu inkarnieren? Denn *Liebe bedeutet Freiheit.* Sie gibt uns den Raum, unsere *eigenen Entscheidungen* zu treffen, ohne Druck oder Zwang. Von daher würde Gott niemals eine Seele in eine neue Inkarnation drängen.

EIN BRIEF VON GOTT

Liebe(r) Leser(in),

was im *Spiel des Lebens* geschieht, liegt in euren Händen. Ich greife *nicht* ein. Es wäre gegen euren *freien Willen.* Ich gebe euch keine Regeln mit. Ihr seid frei – und in Wahrheit tragt ihr alles, was ihr braucht, bereits in euch. In euch brennt ein göttliches Licht – ein Teil von mir. Ich bin immer in dir. Es liegt an euch, was ihr daraus macht.

Viele fragen sich, ob Naturkatastrophen eine Strafe Gottes seien. Aber sei dir gewiss: Ich bin kein strafender Gott – sie stammen nicht von mir. Die Erde hat ihre eigene Funktionsweise und ihre Naturgesetze und nicht alles ist immer beeinflussbar oder kontrollierbar. Und selbst wenn ihr versteht, wie die Natur funktioniert – richtet ihr euch wirklich danach? Ihr kennt inzwischen die tektonischen Platten, die sich verschieben können, und dennoch baut ihr eure Metropolen genau dorthin.

Einige, die bereits zurückgekehrt sind, nennen die Erde „Himmel-Hölle". Dass sie euch manchmal wie eine Hölle erscheint, liegt an euch selbst.

Ja, es gibt einige wenige sehr mächtige Menschen unter euch, die vom Weg abgekommen sind. Sie streben nach Macht, sie entfachen Konflikte, die manchmal in Kriegen enden. Aber in Wahrheit sind es wenige – gegen viele.

Und ihr seid viele. Viele, die den Frieden wollen. Ganz gleich, ob religiös oder nicht – ihr alle habt ein Ziel: *Frieden.*

197

Bitte macht euch bewusst: Ihr seid keine Opfer. Ihr tragt die Kraft und die Liebe in euch, um etwas zu verändern.

Es geht nicht darum, andere überzeugen zu wollen. Missionare werden in die Welt geschickt, um andere für ihren Glauben zu gewinnen. Lichtarbeiter glauben, sie müssten die Welt retten. Sie handeln im Namen Gottes, so heißt es.

Doch wahres Wirken beginnt im Inneren.
Finde dein eigenes Licht.
Lass es leuchten – nicht um zu bekehren,
sondern um *zu inspirieren.*
Durch *deine Ausstrahlung*, durch dein Sein.
Nicht durch *Worte*, sondern durch *Präsenz.*
Nicht durch *Überzeugung,* sondern durch *gelebte Wahrheit.*

Denn jeder, der sein inneres Licht erkennt und lebt,
wird selbst zu einem *Leuchtturm für andere,*
ohne es zu wollen, ohne es zu müssen.
Einfach, weil das Licht ansteckend ist.

Vielleicht erinnerst du dich an die Geschichten über *Jesus.* Die Menschen seiner Zeit waren von *seiner Ausstrahlung* überwältigt. Er war nur ein junger Mann – nicht wohlhabend, keiner, der sich in den Vordergrund drängte. Ein Mensch wie *du*! Einer von vielen. Und schau, was er mit seiner Art erreichen konnte.

Er war *ein Bote* der Göttlichkeit.
Er wollte euch zeigen, dass ihr alle *diese Göttlichkeit in euch* tragt.

Lasst euch *nicht* von Oberflächlichkeiten ablenken.
Geht in die Stille, um euer wahres Selbst zu finden.
Nicht im Außen, nicht im Lärm der Welt –

sondern im *Innersten eures Herzens* bin **ICH** zu finden.

Ob in der Kirche, in der Natur, in einem stillen Raum,
im Gebet, beim Meditieren oder im einfachen Atmen –
es gibt viele Wege zu **MIR.**

Jeder Weg, der euch näher zu euch selbst bringt,
führt auch zu **MIR.**

Ich bin **nicht** fern.
Ich bin das, was euch schon immer ruft –
leise, geduldig, voller Liebe.

Umso mehr Menschen dieses ***innere Licht*** in sich finden,
desto mehr wird sich auch ***das Äußere verändern.***

DIE GÖTTER VOR GOTT

In den zehn Geboten steht ein berühmter Satz:
„Du sollst keine anderen Götter neben mir haben. "

Für viele klingt das, als würde Gott sagen:
„Ich will der Einzige sein! Keine Konkurrenz!"

Aber wenn Gott Liebe ist – also eine Kraft, die niemanden aus-
schließt – würde er das wirklich so sagen? Ich glaube: Dieser Satz
ist falsch verstanden worden – oder wurde später anders interpretiert, als ursprünglich gemeint war.

Vielleicht heißt es eigentlich:
*„Lass dich nicht von fremden Stimmen beherrschen –
vertraue deiner inneren Wahrheit. "*

Doch die Frage, die sich wirklich stellt, ist: Wer oder was waren
diese „anderen Götter" überhaupt?

*Ich ging dieser Frage nach, zurück in die frühen Kulturen der
Menschheit...*
Die alten Mythen erzählen von einer Zeit, in der die Götter unter
den Menschen wandelten. Sie verfügten über ein umfassendes
Wissen, das sie mit den frühen Kulturen teilten. Vor allem bei den
Sumerern – einem der ältesten bekannten Völker der Menschheits-
geschichte – finden sich Hinweise auf ein erstaunliches Maß an
Kenntnissen, das seiner Zeit weit voraus war. Sie erfanden das Rad,
entwickelten komplexe Abwassersysteme, betrieben fortschrittliche

Himmelsbeobachtungen und hinterließen Keilschriften, in denen von himmlischen Besuchern die Rede ist.

Woher stammte dieses Wissen? Wie konnte eine so frühe Zivilisation über derart fortgeschrittene Fähigkeiten verfügen? Die alten Überlieferungen geben eine klare Antwort: *Es waren die Götter*, die es brachten.

Sie lehrten uns, Städte zu bauen, Felder zu bestellen und die Bewegungen der Gestirne zu deuten. Sie gaben uns Gesetze, Sprachen, Maße, Heilkunst – und vielleicht auch das erste Bewusstsein davon, dass der Mensch mehr ist als nur Fleisch und Blut. Es schien, als hätten sie uns nicht nur Technik vermittelt, sondern auch ein geistiges Fundament gelegt.

Wenn man genau hinschaut, fällt etwas Interessantes auf: Diese Götter verkörperten etwas – also sie standen für bestimmte Gefühle oder Eigenschaften.

Zum Beispiel:
– Ein Gott, der für *Mut* stand.
– Eine Göttin, die *Liebe* zeigte.
– Ein anderer, der *die Angst* oder das Chaos symbolisierte.

Das ist fast so, als wären diese Götter *Symbole* gewesen. Wie Bilder für Dinge, die auch *in uns drin sind* – in unserem Herzen, in unserer Seele und in unserer Psyche.

Heute würden manche sagen: Diese alten Götter waren vielleicht nicht nur Wesen im Himmel, sondern *Archetypen*. Ein Archetyp ist wie ein inneres Bild, das jeder Mensch kennt – egal, wo er lebt oder welche Sprache er spricht. Es ist zum Beispiel das Bild vom Helden, vom Weisen, von der Mutter, vom Schatten oder vom Abenteurer.

Diese Archetypen leben auch *in dir!*

Wenn du *mutig* bist, ist da der *Held.*
Wenn du *Angst* hast, meldet sich der *Schatten.*
Wenn du jemandem *hilfst*, spricht dein *innerer Heiler.*
Und wenn du lernst, *still zu sein*, hörst du vielleicht *die Weise* in dir.

Interessanterweise gab es also *zuerst* die Götter, und erst danach entstand das Bild von einem einzigen Gott. Vielleicht sind diese Götter *keine Gegner oder Konkurrenten dieses Gottes*, sondern vielmehr Spiegel unseres Bewusstseins, Archetypen und Symbole für unterschiedliche Aspekte unserer Psyche. Und dieser einzelne Gott, von dem später gesprochen wird, ist vielleicht *das Licht in uns – die innere Quelle, die alles verbindet.* Jesus sagte, er nannte Gott „Vater", vielleicht meinte er damit genau diese Quelle, die Urenergie, aus der alles entspringt. Wir selbst sind ein Teil dieser Quelle – Aspekte, Funken, Kinder, die aus ihr hervorgehen.

Vielleicht war die Vielfalt dieser Götter also kein Widerspruch zum Göttlichen, sondern ein Weg dorthin. Vielleicht sollten sie uns nicht von Gott ablenken, sondern uns auf ihn vorbereiten – indem sie uns lehrten, uns selbst zu erkennen. *Denn wer sich selbst erkennt, erkennt auch das Licht in sich.* Diese Idee findet sich auch in vielen spirituellen Traditionen wieder:

In der *indischen Philosophie* heißt es in den Upanishaden: „Tat tvam asi" – „Das bist du". Das Göttliche ist nicht fern, nicht außerhalb – es ist in dir. Die vielen indischen Götter – Shiva, Vishnu, Kali und andere – verkörpern kosmische Prinzipien, aber auch psychologische Prozesse. Ihre Geschichten sind Spiegel menschlicher Entwicklung.

In der *ägyptischen Mysterienlehre* finden wir ähnliche Hinweise. Der Mythos von Isis, Osiris und Horus etwa erzählt vom Tod und der Wiedergeburt des Bewusstseins. Osiris wird zerteilt, Isis sammelt die Teile wieder ein, Horus führt das Werk zu Ende. Es ist der Weg der Seele: Sie zerfällt in der materiellen Welt, sammelt sich neu und erwacht schließlich in einem höheren Selbstverständnis. Diese Götter waren keine Götzen – sie waren Symbole innerer Transformation.

Auch in der *griechischen Welt* galten die Götter nicht nur als äußere Mächte, sondern als Ausdruck des inneren Kosmos. In den Mysterienkulten von Eleusis oder im Neuplatonismus wurde gelehrt: Der Mensch ist ein Mikrokosmos des Alls. Alles, was außen erscheint, hat ein Echo in uns selbst. Die Götter waren Spiegel – nicht Herren.

Was also, wenn all diese Götter nicht als Gegenbilder zu einem höchsten Gott gedacht waren, sondern als *Wegweiser*? Als Spielfiguren in einem Theater des Bewusstseins, das uns Schritt für Schritt vorbereitet hat, die tiefere Wahrheit zu erkennen: *Dass Gott nie getrennt war – sondern immer in uns wohnte?*

DIE SPIELANLEITUNG

Wir kommen nun langsam zum Ende des Buches. Hier folgt eine *kurze Zusammenfassung* der wichtigsten Aspekte, die in diesem Buch behandelt wurden. Die Perspektive, aus der es geschrieben ist, betrachtet *das Leben als ein Spiel*:

Willkommen im Spiel des Lebens –
Die Spielanleitung

1. Ziel des Spiels:

Erlebe, entdecke, wachse. Finde heraus, wer du wirklich bist – über all die Ablenkungen, Herausforderungen und Illusionen hinweg. Es gibt keinen festen „Sieg", nur deine eigene Entwicklung.

2. Die Regeln:

- Du beginnst als Mensch mit begrenztem Wissen über deine Herkunft und deine wahre Natur.

- Dein Körper ist dein Avatar – pflege ihn, aber sei dir bewusst, dass du mehr bist als nur dein Körper.

- Du wirst mit Emotionen, Gedanken und einem freien Willen ausgestattet. Deine Entscheidungen formen dein Spiel.

- Die Zeit ist begrenzt, aber ihre Bedeutung ist relativ. Nutze sie, um zu wachsen, nicht um sie nur abzuarbeiten.

- Herausforderungen (Schicksalsschläge, Zweifel, Ängste) sind keine Strafen, sondern Level-Tests, um dich weiterzubringen.

- Andere Spieler haben ihre eigenen Wege – vergleiche dich nicht, sondern erkenne, dass ihr alle Teil des gleichen Spiels seid.

3. Hinweise und Cheats:

- Die Wahrheit ist *nicht* versteckt, aber sie ist nicht offensichtlich. **Suche innen, nicht außen.**

- Liebe, Dankbarkeit und Bewusstsein sind deine stärksten Werkzeuge.

- Angst ist der größte Illusionist – erkenne sie, aber lass sie nicht das Spiel für dich spielen.

- Deine Seele kennt die Regeln – höre auf sie mehr als auf das, was dir von anderen aufgedrängt wird.

- Der Tod ist nicht das Ende des Spiels, sondern nur der Übergang in den nächsten Modus.

4. Gewinnst du oder verlierst du?

Es gibt kein „Game Over" im herkömmlichen Sinne. Es gibt nur Erfahrungen, Erkenntnisse und die Wahl, wie du spielen willst. Am Ende zählt nicht, wie reich, berühmt oder erfolgreich du warst – sondern wie viel du geliebt, gelernt und erkannt hast.

5. Warum du das Spiel vergessen hast:

Stell dir vor, du trittst ein in ein riesiges, komplexes Spiel – aber bevor du loslegst, passiert etwas Entscheidendes: Du vergisst, dass es ein Spiel ist. Das war kein Zufall. Dieses Vergessen ist Teil der Herausforderung. Wenn du von Anfang an wüsstest, dass du ein Spieler bist, wäre das Spiel zu einfach. Der Sinn liegt darin, dich selbst daran zu erinnern, während du spielst.

Aber warum ist es so schwer, sich zu erinnern?

- *Schule* bringt dir nicht bei, das Spiel zu verstehen. Sie bringt dir nur bei, wie du ein guter Mitspieler wirst.

- *Gesellschaftliche Regeln* halten dich beschäftigt. Arbeiten, Geld verdienen, Fernsehen – all das hält dich davon ab, größere Fragen zu stellen.

- *Angst* verhindert, dass du das Spiel verlässt. Die größte Angst der Menschen ist oft nicht der Tod, sondern das Verlassen der gewohnten Realität.

Die Gesellschaft ist so gestaltet, dass die meisten Menschen nie auf die Idee kommen, nach dem größeren Sinn zu fragen. Doch wenn du diese Illusion erkennst, beginnst du, dich aus ihr zu befreien.

Die meisten Menschen verbringen ihr Leben in einem System, das ihnen wenig Raum gibt, um sich selbst zu hinterfragen.

Die typische Spielstrategie, die du gelernt hast:

- Gehe in die Schule und lerne, was andere dir sagen.

- Arbeite hart, damit du Geld verdienst und „erfolgreich" bist.

- Folge den Regeln und stelle keine zu großen Fragen.

- Suche dein Glück in materiellen Dingen oder äußerer Bestätigung.

- Habe Angst vor Veränderung, denn sie könnte deine Sicherheit gefährden.

Diese Strategie ist nicht per se „falsch" – aber sie hält dich *in einer Illusion* gefangen.

- Die Illusion, dass Glück im Außen liegt.

- Die Illusion, dass Sicherheit durch Kontrolle entsteht.

- Die Illusion, dass du nichts weiter als ein „kleiner Mensch" bist, der sich anpassen muss.

Viele Menschen spüren irgendwann, dass etwas nicht stimmt. Aber anstatt die Illusion zu durchschauen, versuchen sie, das Spiel mit noch mehr Arbeit, Ablenkung oder Konsum erträglicher zu machen.

Die Lösung? *Aufwachen.*

6. Die ersten Schritte zum Erwachen:

Hinterfrage alles.
- ✓ Wer hat dir beigebracht, was „normal" ist?
- ✓ Wer profitiert davon, wenn du es einfach glaubst?

Werde still.
- ✓ Die Wahrheit findest du nicht im Außen, sondern in dir selbst.
- ✓ Meditation, Reflexion und Intuition sind Schlüssel zum Erwachen.

Löse dich von Angst.
- ✓ Angst ist nur ein Programm, das dich im alten Spiel hält.
- ✓ Was wäre, wenn du keine Angst hättest? Was würdest du tun?

Lebe bewusster.
- ✓ Entscheide selbst, was du konsumierst – sei es Nahrung, Informationen oder Energie und werde ein aktiver Gestalter deines Spiels.

DIE SPIELERWEITERUNG

In diesem Kapitel möchte ich dich mitnehmen zu einer ganz besonderen *Erweiterung des Spiels* – einer geheimen Tür, die sich nicht jedem sofort zeigt. Sie führt in eine neue Welt, voller ungewohnter Erfahrungen, Gedanken und Empfindungen. Ich nenne sie das Übersinnliche.

Für manche mag das weit hergeholt klingen, vielleicht sogar absurd. Und das ist völlig in Ordnung. Wenn du beim Lesen spürst, dass dieses Thema nichts für dich ist, blättere gern weiter – du verpasst nichts, was nicht zu dir passt.

Aber wenn du neugierig bist, wenn du schon einmal das Gefühl hattest, dass da „mehr" sein könnte – mehr zwischen den Zeilen, mehr zwischen den Welten – dann lade ich dich herzlich ein, noch ein paar Schritte mit mir weiterzugehen.

Diese geheime Tür lässt sich durch mediale Fähigkeiten öffnen. Fähigkeiten, die im Grunde jeder Mensch in sich trägt. Sie müssen nicht erfunden, sondern nur erweckt werden – durch bewusste spirituelle Praxis, durch das Arbeiten mit der Kundalini-Energie oder durch tiefergehende Selbsterforschung. Natürlich braucht es dafür auch eine gewisse Offenheit. Wer innerlich blockiert oder verschlossen ist, wird den Zugang nur schwer finden.

Aber: Wer bereit ist, sich einzulassen, wer wagt, hinter die Schleier zu blicken, dem offenbart sich vielleicht eine ganz neue Spielebene – und eine tiefere Verbindung zu sich selbst und dem großen Ganzen.

Die Regale der Buchhandlungen sind mittlerweile voll mit spirituellen Ratgebern. Pascal Voggenhuber berichtet vom Geistführer, Birgit Fischer schreibt über Starseeds, Andreas Schwarz über Astralreisen – und auch Themen wie Hellsinne und mediale Fähigkeiten finden immer mehr Beachtung. Diese Bücher führen längst kein Nischendasein mehr. Im Gegenteil: Sie landen regelmäßig auf den Spiegel-Bestsellerlisten und erreichen ein breites Publikum.

Es zeigt sich deutlich: Das Übersinnliche trifft einen Nerv unserer Zeit. Immer mehr Menschen spüren, dass es zwischen Himmel und Erde mehr gibt als das, was wir mit unseren fünf Sinnen wahrnehmen können – und machen sich auf die Suche nach Antworten.

Das hört sich geheimnisvoll und spannend an, oder? Vielleicht hast du dir auch schon einmal gedacht: „Wow, das würde ich auch gerne können!" – so wie Andreas Schwarz, der auf Astralreisen geht. Dabei verlässt du mit deinem feinstofflichen Körper (Lichtkörper) den physischen Körper – und kannst in andere Welten reisen, fernab von Raum und Zeit.

Oder die Hellsinne: Mit ihnen kannst du mehr wahrnehmen als mit den gewöhnlichen Sinnen – du kannst mit Engeln kommunizieren, mit Starseeds und anderen Wesen in Kontakt treten, Botschaften aus höheren Dimensionen empfangen.

Viele berichten auch von sogenannten Geistführern – und Pascal Voggenhuber sagt, dass jeder Mensch einen hat. Dein Geistführer ist wie ein unsichtbarer Freund, ein Begleiter auf deiner Seelenreise. Er kennt dich, unterstützt dich, und ist immer an deiner Seite – dein persönlicher Helfer in der feinstofflichen Welt.

Hört sich toll an, oder? „Will ich auch haben!", magst du vielleicht denken. Doch genau hier ist auch Vorsicht geboten – und warum das so ist, erkläre ich dir im Folgenden.

All diese Erfahrungen können dir zwar zeigen, dass es tatsächlich *mehr gibt* – dass du mehr bist als nur dein physischer Körper, mehr als Gedanken, Emotionen oder Rollen im Alltag. Sie eröffnen die Möglichkeit zu erkennen, dass du nicht nur Mensch bist, aber so faszinierend diese Erweiterung unserer Wahrnehmung auch sein mag – sie ist nicht *ohne Risiko.*

Eine der größten Gefahren auf dem spirituellen Weg ist die Tendenz, die eigene *Verantwortung abzugeben.* Was früher in religiösen Strukturen geschah, wiederholt sich heute in anderer Form – nur mit anderen Symbolen und Autoritäten.

Früher verließen sich viele Menschen blind auf die Kirche, auf dogmatische Lehren und kirchliche Autoritäten. Sie gaben ihre Eigenverantwortung ab und glaubten das, was man ihnen sagte – ohne es selbst zu hinterfragen.

Heute zeigt sich ein ähnliches Muster – nur in der spirituellen Szene. Viele Menschen legen ihre Entscheidungen in die Hände von Starseeds, Geistführern, Channelings, spirituellen Wesen, Seelenreadings oder medialen Botschaften. Sie nehmen diese Informationen oft ungeprüft auf, ohne den inneren Abgleich mit Logik, Herz und Verstand.

Es ist wichtig – gerade bei übersinnlichen oder medialen Botschaften –, innezuhalten und zu fragen: *Macht das für mich Sinn? Fühlt sich das stimmig an? Dient es meinem Wachstum – oder mache ich mich wieder abhängig?*

Spiritualität bedeutet nicht, alles zu glauben. Sie bedeutet, bewusst zu wählen. Und das geht nur, wenn wir die Verantwortung für unseren Weg selbst in die Hand nehmen.

Reinheit des Kanals – über Wahrnehmung und innere Verzerrung

So beeindruckend und verheißungsvoll hellsinnige Wahrnehmungen auch klingen mögen – sie entfalten ihren wahren Wert nur dann, wenn der innere Kanal, durch den sie empfangen werden, klar, stabil und frei von Verzerrungen ist.

Die empfangenen Informationen durchlaufen immer auch die *individuellen Filter des Menschen*, der sie empfängt. Dazu gehören persönliche Prägungen, emotionale Blockaden, Überzeugungen – und nicht zuletzt das Ego.

Solange das Ego im Inneren noch stark aktiv ist, besteht die Gefahr, dass Botschaften verfälscht, fehlinterpretiert oder unbewusst mit eigenen Inhalten überlagert werden. Das, was ursprünglich klar und rein empfangen wurde, wird beim inneren „Übersetzungsprozess" verändert – manchmal subtil, manchmal massiv.

Deshalb ist es entscheidend, sich nicht nur auf die Erweiterung der Wahrnehmung zu konzentrieren, sondern ebenso auf die Reinigung und Klärung des inneren Kanals. Und das schafft man, indem man die äußeren Schichten, die das wahre Selbst umgeben, ablegt.

Der Hype um den Geistführer – Projektion oder Begleiter?

In der spirituellen Szene ist derzeit ein regelrechter Hype um das Thema Geistführer zu beobachten. Manche bezeichnen ihn als imaginären Freund, andere als persönlichen Schutzengel. In vielen medialen Kreisen gilt die Vorstellung: Jeder Mensch hat einen Geistführer – präsent „24/7", jederzeit ansprechbar, fast wie ein bester Freund.

Manche berichten, sie würden mit ihm lachen, Fragen stellen, sich beraten lassen. Es wirkt oft wie eine vertraute Beziehung – humorvoll, nahbar, liebevoll.

Doch hier lohnt es sich, genauer hinzuschauen.

Was viele Menschen dabei nicht hinterfragen, ist: Woher kommen diese Antworten wirklich? Anstatt tiefer in sich selbst hineinzublicken – hinter die Bühne des eigenen Bewusstseins –, richten sie ihren Fokus auf dieses „feinstoffliche Wesen", das vermeintlich alle Antworten kennt.

Doch was ist ein Geistführer wirklich?

Vielleicht – so meine These – handelt es sich bei diesem Wesen in vielen Fällen um eine *Projektion des eigenen Bewusstseins*. Ein innerer Archetyp, der sich durch mediale Sensibilität nach außen manifestiert. Das würde auch erklären, warum medial begabte Menschen diesen „Geistführer" auch visuell wahrnehmen können. Denn was innen wirkt, kann sich – bei entsprechender Hellsichtigkeit – auch außen zeigen.

Was mir bei der Begegnung mit Geistführern auch immer wieder auffällt, ist ihre lenkende Wirkung. Keines dieser Wesen sagt dir:
„Du trägst die Antworten in dir."
„Frag mich nicht ständig – finde den Weg in dein Inneres."
„Erkenne dich selbst."

Wenn es sich bei diesen Wesen tatsächlich um lichtvolle Bewusstseinsformen handeln würde, dann bestünde ihre Hauptaufgabe darin, dich zu dir selbst zurückzuführen – dich darin zu unterstützen, dein **wahres Selbst** zu erkennen und deinen eigenen Weg zu gehen.

Echte geistige Führung stärkt die Eigenverantwortung.
Sie macht dich frei – nicht abhängig.

Ein wirklich lichtvolles Wesen würde dich nicht dazu bringen, immer wieder zu ihm zurückzukehren, um neue Botschaften zu empfangen. Es würde dich nicht in ein Abhängigkeitsverhältnis führen, sondern dir helfen, die Verbindung zu deiner eigenen inneren Weisheit zu vertiefen.

Denn wahre Führung zeigt dir nicht den Weg –
sie *erinnert* dich daran, dass du ihn *längst in dir trägst.*

Bereits in vielen alten Schriften finden sich Hinweise darauf, dass die feinstoffliche Welt – so faszinierend sie auch erscheinen mag – auch eine Form der *Täuschung oder Ablenkung* sein kann. Sie vermag es, dich vom Kern deines Weges abzulenken, dich vom inneren Pfad zu entfernen.

Natürlich werden manche sagen: „Das ist doch Unsinn." Doch ich möchte dich einladen, genauer hinzuschauen.

Die Antworten, die du suchst, liegen nicht in der feinstofflichen Welt. Nicht in äußeren Lichtwesen, nicht in medialen Botschaften – und nicht in höheren Gestalten, die sich als allwissend präsentieren.

Viele glauben: „Diese Wesen sind viel lichtvoller." Doch das ist ein Trugschluss. Du bist ebenso lichtvoll. Du hast es nur vergessen.

Vielleicht – ja, vielleicht – bist du sogar lichtvoller als jene Wesen, die du bewunderst. Und vielleicht sind sie nichts anderes als ein Teil von dir – ein Ausdruck deines eigenen Bewusstseins.

Aliens und Co. – Funken in einem anderen Spiel

Wenn man sich näher damit beschäftigt, was Aliens und Außerirdische sind –, empfinden viele zunächst ein Gefühl von Fremdheit. Vielleicht sogar einen inneren Widerstand oder leichten Grusel.

Doch was, wenn wir diese Vorstellungen entmystifizieren? Was, wenn wir sagen: Auch sie sind *göttliche Funken* – so wie du und ich.

Nur eben in einem *anderen Körper,*
einem *anderen Avatar,*
in einem *anderen Spiel.*

Ob sie tatsächlich physisch existieren – und wenn ja, wo – lässt sich schwer sagen. Falls es sie gibt, und sie *nicht* bloß innere Anteile des *menschlichen Bewusstseins* sind, die sich durch Channelings zeigen, dann erscheinen sie vermutlich nicht in unserer Galaxie, nicht einmal in unserem Raum-Zeit-Feld.

Es gibt Aussagen, dass sie sich auf einer anderen Ebene, einer anderen *Frequenz* befinden – außerhalb unserer gewohnten Realität.

Auch wenn sie – wie unsere Verstorbenen – vielleicht in einem anderen Raum existieren, wie ich es in einem vorherigen Kapitel anhand des Modells mit den Fernsehsendern beschrieben habe, bedeutet das nicht, dass *kein* Kontakt möglich ist.

Schließlich gibt es auch Menschen, die in der Lage sind, einen Jenseitskontakt herzustellen. Warum sollte es also nicht auch möglich sein, über ein Channeling mit einem anderen Avatar in Verbindung zu treten – einem Funken, der sich gerade auf einer anderen Ebene befindet?

Denn wir sind alle miteinander verbunden – immer und überall.

In diesem Sinne: Vielleicht ist ein solcher Kontakt gar nicht so außergewöhnlich. Denn auch dieser Funke ist nichts anderes als du selbst – in einem anderen Ausdruck, in einer anderen Form.

Und dieser Funke kann dir nicht mehr Informationen geben, als du selbst bereits in dir trägst. Denn sobald wir beginnen, unser wahres Selbst zu erkennen – unabhängig davon, in welchem Körper wir gerade leben – gelangen wir alle zu *derselben inneren Wahrheit.*

Fazit:

In meinen Augen ist es essenziell, spirituelle Botschaften und Informationen stets mit gesundem Menschenverstand und innerer Klarheit zu hinterfragen. Ein blinder Glaube – ohne kritisches Denken – führt selten zu echter Erkenntnis.

In spirituellen Kreisen stoße ich immer wieder auf Aussagen wie: „Im Jahr 2027 wird es eine Abzweigung geben – zwischen den Erwachten und den Nicht-Erwachten." Oder: „Jetzt ist die Zeit! Ihr müsst aufwachen! Ihr müsst eure Liebsten überzeugen! Zeigt ihnen den Weg!"

Solche Aussagen erinnern erschreckend an frühere kirchliche Dogmen:

„Nur Gläubige werden erlöst."
„Wer nicht glaubt, ist verloren."
„Jetzt ist die Stunde der Entscheidung – du musst dich bekehren!"

Was damals Trennung erzeugt hat, tut es heute wieder – nur in einem anderen Gewand. Und genau das widerspricht dem, worum es in tiefer Spiritualität wirklich geht: Einheit, Freiheit, Selbstverantwortung.

Alles, was in Kategorien wie „erwacht" oder „nicht erwacht" einteilt, was Druck aufbaut und mit Angst operiert, schafft Spaltung – nicht Bewusstsein. Es trennt, statt zu verbinden. Und wo Trennung entsteht, kann keine wahre spirituelle Entwicklung stattfinden.

Ich sehe das Leben vielmehr als ein großes Spiel, ein Erfahrungsfeld. Jeder Mensch ist hier, um sich auf seine ganz eigene Weise zu entdecken. Es gibt kein objektives Ziel, das für alle gleich ist. Es ist schön, wenn du dich erkennst – wenn du spürst, wer du wirklich bist: ein Ausdruck des Göttlichen, ein individueller Funke reinen Bewusstseins. Doch das bedeutet nicht, dass andere dasselbe erkennen müssen – oder dass sie deinen Weg übernehmen sollen.

Spirituelle Reife zeigt sich nicht im Missionieren, sondern im Respekt vor der Freiheit des anderen. Denn wer versucht, andere von „seiner Wahrheit" zu überzeugen, macht denselben Fehler wie viele vor uns – mit dem Unterschied, dass er es heute spirituell nennt.

Nicht umsonst sind viele Konflikte, Spaltungen und Kriege durch den Versuch entstanden, anderen einen bestimmten Glauben aufzuzwingen.

Deshalb:
Wahre Spiritualität bedeutet,
Vielfalt zuzulassen,
Wege nicht zu bewerten
– und dem anderen in Freiheit zu begegnen.

ICH BIN AUF DEM RICHTIGEN WEG

„Ich bin auf dem richtigen Weg, weil ich der Weg bin."

Ich möchte dich ermutigen, immer deinen *eigenen Weg* zu wählen. Es gibt Momente im Leben, in denen man sich von der Masse entfernt, Momente, in denen du spüren kannst, dass dein innerer Kompass in eine *andere Richtung* weist als der der Mehrheit. Diese Momente sind *keine Fehler* oder Verluste, sondern wertvolle Hinweise darauf, dass du den Mut hast, authentisch zu leben und deine eigene Wahrheit zu finden.

Indem du deinen individuellen Weg gehst, wirst du nicht nur wachsen, sondern auch das tiefe Vertrauen entwickeln, dass alles, was du brauchst, bereits in dir liegt. Es geht nicht darum, der breiten Masse zu folgen oder den Erwartungen anderer gerecht zu werden, sondern darum, dir selbst treu zu bleiben und in Einklang mit deinem wahren Selbst zu handeln. Es ist ein Prozess des Erwachens und der Befreiung von äußeren Einflüssen, der dich immer mehr zu der Person führen wird, die du wirklich bist.

Der eigene Weg ist nicht der leichte Weg:

Die meisten Menschen folgen der Masse, weil es sicherer erscheint. Es bedeutet, *nicht* auffallen zu müssen, keine unangenehmen Diskussionen führen zu müssen und sich nicht gegen gesellschaftliche Normen stellen zu müssen. Doch Sicherheit bedeutet nicht Wahrheit, und Anpassung bedeutet nicht Freiheit.

Der eigene Weg ist oft steinig:

Der eigene Weg kann Zweifel und Einsamkeit mit sich bringen, weil viele es **nicht** verstehen oder akzeptieren können, wenn jemand eine andere Perspektive hat. Doch wahre Erfüllung kommt nicht davon, gemocht oder akzeptiert zu werden – sie kommt davon, dass man im Einklang mit sich **selbst** lebt.

„Ich bin auf dem richtigen Weg, weil ich der Weg bin" –
Was bedeutet das?

Es bedeutet, dass ich **nicht** blind einem vorgegebenen Pfad folge. Ich bin nicht nur ein Passagier in meinem Leben, der sich von äußeren Umständen treiben lässt. Stattdessen bestimme ich bewusst meinen Kurs.

- Meine Überzeugungen entstehen *nicht* aus Gruppenzwang, sondern aus *Reflexion* und *Erfahrung*.

- Ich hinterfrage, *weil ich wissen will* – nicht weil ich provozieren will.

- Ich bin *offen für neue Erkenntnisse*, aber nicht bereit, meine Wahrnehmung aus Angst zu verleugnen.

Es bedeutet auch, dass ich **nicht** darauf warte, dass jemand mir sagt, was richtig oder falsch ist. Ich bin nicht abhängig von gesellschaftlicher Bestätigung.

Widerstand ist Teil des Weges:

Menschen, die nicht mit der Masse gehen, werden oft belächelt, kritisiert oder sogar bekämpft. Warum? Weil sie eine unbequeme Wahrheit verkörpern: Dass es auch andere Perspektiven gibt. Dass es möglich ist, selbst zu denken, anstatt sich einfach fügen zu müssen.

Doch am Ende ist die Frage nicht, ob andere mich verstehen oder mir zustimmen. Die Frage ist: *Lebe ich im Einklang mit meiner eigenen Wahrheit?* Und wenn die Antwort „Ja" ist, dann bin ich auf dem richtigen Weg. Nicht weil andere es sagen, sondern weil ich es bin.

Beispiel: Der Weg des eigenen Denkens – Eine persönliche Entscheidung

Stell dir vor, du bist in einer Gruppe von Freunden oder Kollegen, die alle eine bestimmte Meinung zu einem gesellschaftlichen Thema vertreten – zum Beispiel zur Corona-Politik, zu Klimaschutzmaßnahmen oder zu einer politischen Entscheidung. Die Mehrheit ist sich einig: *"Das ist der richtige Weg, alles andere ist Unsinn."*

Du aber spürst, dass du Zweifel hast. Nicht, weil du einfach nur dagegen sein willst, sondern weil du bestimmte Widersprüche siehst. Vielleicht hast du *andere* Informationen gefunden, vielleicht hast du Menschen getroffen, die von negativen Konsequenzen betroffen sind, oder vielleicht sagt dir dein Bauchgefühl, dass es zu einfach ist, die Welt nur in Schwarz und Weiß zu sehen.

Du sprichst deine Gedanken aus – sachlich, ruhig, ohne Aggression. Doch die Reaktion ist *ablehnend:*

„Wieso hinterfragst du das? Die Experten sagen doch..."

„Du glaubst doch nicht ernsthaft an diese Außenseiter-Meinungen?"

„Lass uns doch nicht über sowas reden, das bringt nichts."

Du merkst: Die Masse will **nicht** diskutieren. Sie will sich in ihrer **Sicherheit** bestätigt fühlen. Dein Hinterfragen wird nicht als kritisches Denken gesehen, sondern als Störung.

<u>In diesem Moment hast du zwei Möglichkeiten:</u>

1. Du schweigst und passt dich an. Dann bist du Teil der Masse, aber du verleugnest deine eigene Wahrnehmung.

2. Du bleibst bei deiner Meinung, auch wenn du aneckst. Vielleicht verlierst du damit die Zustimmung der Gruppe, aber du bleibst dir **selbst** treu.

Und genau hier zeigt sich dein Weg:

Du entscheidest dich, dass es wichtiger ist, deiner **eigenen Wahrheit** zu folgen, als einfach nur akzeptiert zu werden. Du merkst, dass du *nicht aus Trotz oder Rebellion* anders denkst – sondern weil es das ist, was sich für **dich richtig** anfühlt.

Ja, das macht dich vielleicht zum „Querdenker" in den Augen anderer. Aber wenn Querdenken bedeutet, selbstständig zu denken, statt blind zu folgen – ist das dann wirklich etwas Schlechtes?

WIR SIND EIN ORCHESTER

Wir sind ein Orchester.
Jeder spielt ein Instrument.
Und gemeinsam ergeben wir die Melodie.

Jeder Mensch bringt seinen eigenen Klang in dieses Leben. Manche sind laut und lebendig, andere leise und fein. Manche mutig, andere zärtlich. Kein Ton ist überflüssig – jeder ist Teil der großen Komposition, die wir gemeinsam erschaffen.

Jetzt hast du vieles über das **wahre Selbst** erfahren. Über das, was bleibt, wenn die Masken fallen. Über das, was in dir still ruht, unabhängig von Rollen, Erwartungen oder äußeren Formen.

Aber all das ist keine Pflicht. Es gibt keinen vorgezeichneten Weg, den man gehen muss und es bedeutet auch nicht: Das ist der richtige Weg für alle! Das ist **nicht** meine Botschaft. Ich teile einfach nur meine Sicht. Meine Erfahrungen. Meine Erkenntnisse. Nicht als Wahrheit für alle – sondern als Angebot, **als Impuls.**

Und genauso bin ich offen, von euch zu lernen. **Denn wir alle spiegeln einander.** Jeder Mensch, jede Begegnung kann uns etwas zeigen – über uns selbst, über das Leben, über das, was in uns wachsen will.

Da ist dieser eine Mensch – ein anderer, ein Freund vielleicht, oder ein flüchtiger Bekannter. Er lebt **umweltbewusst.** Nicht, weil es gerade im Trend liegt, sondern weil er es in sich trägt. Er belehrt niemanden, er will nichts beweisen. Und gerade dadurch wird er zum Vorbild. Seine Art zu leben inspiriert – ganz unbewusst, ganz still.

Dann ist da die **Mutter mit vielen Kindern**. Sie lebt nicht für Applaus oder Anerkennung. Ihr Alltag ist oft unsichtbar für die Welt. Und doch strahlt ihr Herz. Ihre Liebe reicht weiter, als sie denkt. Auch sie wird zur Inspiration. Nicht durch Worte, sondern durch ihr Sein.

Und dann ist da noch **der Vater**, der in seinem Alltag viele Rollen trägt. Er ist Lehrer – nicht nur im Beruf, sondern im Leben. Er erklärt, vermittelt, ermutigt. Er engagiert sich auch in der Politik, nicht aus Ehrgeiz, sondern aus Überzeugung. Er glaubt daran, **dass Wandel möglich ist** – wenn man hinsieht, hinhört und handelt. Auch in der Kirche bringt er sich ein. Nicht aus Pflicht, sondern weil ihm das Miteinander am Herzen liegt. Er spricht nicht nur über das Gute – er lebt es. Auch er inspiriert andere mit seiner Art.

Und da ist die Frau, die sich **selbstständig** gemacht hat. Es war kein einfacher Weg. Viele Zweifel, wenig Sicherheit. Aber etwas in ihr war stärker: der Wunsch, ihrer inneren Stimme zu folgen. Sie hat klein angefangen, Schritt für Schritt. Aber heute **lebt sie ihre Leidenschaft** – vielleicht als Besitzerin eines Ladens oder Cafés, Künstlerin, Beraterin, Gärtnerin, Coach oder Handwerkerin. **Ihr Mut inspiriert andere.** Vor allem jene, die noch zögern. Sie zeigt: Du darfst deinen eigenen Weg gehen. **Folge deiner Leidenschaft!**

Jeder Mensch hat seine Stärken.
Jede(r) hat eine Farbe, eine Melodie, eine Gabe.

Wir lehren uns gegenseitig. Nicht unbedingt mit Absicht – oft geschieht es einfach, im Vorübergehen, im Alltag, im Zuhören, im Dasein.

So entsteht aus vielen einzelnen Tönen ein Ganzes.
Ein Zusammenspiel.
Eine gemeinsame Melodie.

Und vielleicht ist das der wahre Sinn:
Nicht alle gleich zu sein.
Sondern gemeinsam etwas Einzigartiges zu erschaffen.

SCHLUSSWORT

Mein Weg. Dein Weg.

In diesem Buch hast du *meine persönliche Sichtweise* auf das Leben und das Jenseits kennenlernen dürfen. Nimm mit, was sich für dich stimmig anfühlt, und lasse alles andere los. Was du für wahr hältst, ist oft das, was sich für dich im Moment richtig anfühlt. Diese Wahrheit kann sich im Laufe deines Lebens verändern, wachsen und entwickeln, und das ist vollkommen in Ordnung. Die Reise zu deiner eigenen Wahrheit ist *ein fortwährender Prozess*, der nie wirklich „endet", sondern sich immer weiter entfaltet, je mehr du dich selbst entdeckst.

Denke daran, dass es *nicht* darum geht, die Wahrheit eines anderen zu übernehmen oder dich mit einer festgelegten Vorstellung von Realität zu identifizieren. Es geht darum, den Mut zu finden, *deinen eigenen Weg* zu gehen, deine eigene Perspektive zu leben und in deiner eigenen Wahrheit zu wachsen. Nur so kannst du ein Leben führen, das wirklich authentisch und erfüllend für dich ist.

Dieses Buch wurde unter einen Pseudonym veröffentlich. Nicht, um mich zu verstecken – sondern um den Inhalt Raum zu geben, unabhängig von meiner persönlichen Geschichte. Auch ich bin auf dem Weg, und dieses Werk ist eine Momentaufnahme meines inneren Wissens.